高分子材料导论

程晓敏　史初例　编著

安徽大学出版社

图书在版编目(CIP)数据

高分子材料导论 / 程晓敏,史初例编著. —合肥:安徽大学出版社,2006.8(2024.12重印)
ISBN 978—7—81110—198—0

Ⅰ.①高… Ⅱ.①程…②史… Ⅲ.①高分子材料—高等学校—教材 Ⅳ.TB324

中国版本图书馆 CIP 数据核字(2006)第 098982 号

	高分子材料导论		程晓敏 史初例 编著
出版发行	安徽大学出版社	经 销	新华书店
	(合肥市肥西路3号 邮编230039)	印 刷	江苏凤凰数码印务有限公司
联系电话	编辑室 0551-65108812	开 本	710 mm×1000 mm 1/16
	发行部 0551-65106428	印 张	10.25
E—mail	www.ahupress.com.cn	字 数	150千
责任编辑	徐 建 钟 蕾	版 次	2006年8月第1版
封面设计	孟献辉	印 次	2024年12月第8次印刷

ISBN 978—7—81110—198—0　　　　　　　　　　定价　25.00元

如有影响阅读的印装质量问题,请与出版社发行部联系调换

内 容 提 要

本书是一本介绍高分子材料方面知识的入门读物。

全书共分8章。第1章和第2章简要叙述了高分子与高分子材料的基本知识,包括高分子的一些基本概念、发展趋势、如何制备高分子,以及高分子材料的结构和性质等,以帮助大家树立对高分子和高分子材料的正确认识。第3章至第7章则较系统地介绍了主要的高分子材料和它们的应用,包括塑料、橡胶、纤维、涂料和粘合剂,以及应用于信息、医学和分离等用途的新型功能高分子材料,反映了高分子材料对社会和经济发展的影响。最后一章介绍了"绿色高分子"概念,阐明如何实现高分子材料与生态环境的协调发展。

前　言

材料是现代文明和技术进步的基石。历史学家常用材料来作为历史阶段划分的标志,如石器时代、青铜器时代、铁器时代等,可见材料在人类社会发展中的重要地位和作用。自20世纪20年代以来,高分子科学与技术的发展极为迅猛,高分子材料、特别是合成高分子材料由于其具有的优异性能,已在信息、生命等新技术领域以及工业、农业、国防、交通等各个经济部门中发挥着重要作用。现在,高分子材料已大量地取代了金属、木材、陶瓷、玻璃等材料,人类应用高分子材料的比重正在逐年上升。汽车轮胎、建筑涂料、塑钢门窗、化纤衣服、尼龙丝袜……用于生活中的高分子材料随处可见。然而,人们对高分子材料的认识和了解却与其重要性不成比例。因此有必要普及高分子材料方面的知识,使高分子材料在人们的工作和生活中发挥更大的作用。

本书以介绍高分子材料及其重要用途为主要内容。我们在介绍高分子材料基本知识、原理的同时,更着重于在生产和生活中的具体应用,注重反映高分子材料对现代科技与生活的影响。在编写的过程中力求做到取材新颖、文字通俗、深入浅出,给读者一个有关高分子材料的完整认识。

本书是普及高分子材料知识的入门读物,可作为高校科技素质教育课程的教材,同时也非常适合非高分子的相关专业学生和对高分子材料感兴趣的读者参考,对拓宽知识面不无益处。

本书由程晓敏和史初例合作撰写,其中第1~2章由程晓敏执笔,第3~8章由史初例执笔,全书由程晓敏定稿。由于编者水平和编写时间的限制,书中疏忽、欠妥之处在所难免,恳请读者批评指正。

编 者
2006年5月

目　　录

第1章　认识高分子与高分子材料 ……………………… 1
1.1　现代生活中的高分子材料 …………………………… 1
1.2　高分子科学的发展概况 ……………………………… 3
[阅读材料]　历史上有关高分子的争论 ………………… 5
1.3　高分子的基本概念 …………………………………… 8
1.3.1　什么是高分子 …………………………………… 8
1.3.2　高分子的命名 …………………………………… 8
1.3.3　高分子的分类 …………………………………… 10
[阅读材料]　创立高分子学说的赫尔曼·施陶丁格 …… 11
1.4　天然高分子 …………………………………………… 13
1.4.1　天然多糖 ………………………………………… 13
1.4.2　天然橡胶 ………………………………………… 17
1.4.3　蛋白质与核酸 …………………………………… 18
1.5　半天然高分子（改性的天然高分子） ……………… 22
1.5.1　赛璐珞的发现 …………………………………… 22
1.5.2　天然橡胶的硫化 ………………………………… 23
1.6　合成高分子的制备方法 ……………………………… 24
1.6.1　链式聚合反应 …………………………………… 24
1.6.2　逐步聚合反应 …………………………………… 28
1.6.3　高分子的侧基/端基反应 ……………………… 30
1.6.4　高分子的共混 …………………………………… 31

第 2 章　高分子材料的结构与性质 ·············· 34

2.1　高分子材料的结构 ·············· 34
2.1.1　单体的组成和结构 ·············· 35
2.1.2　高分子链的大小和形状 ·············· 37
2.1.3　高分子链的柔顺性 ·············· 39
2.1.4　高分子的凝聚态 ·············· 40
[小实验] 塑料薄膜的拉伸 ·············· 42

2.2　高分子材料的热性质 ·············· 42
2.2.1　玻璃化转变 ·············· 43
2.2.2　流动温度和粘流态 ·············· 45

2.3　高分子材料的力学性质 ·············· 46
2.3.1　力学性能的基本指标 ·············· 46
2.3.2　高弹性 ·············· 47
2.3.3　粘弹性 ·············· 48
2.3.4　聚合物的力学屈服 ·············· 48
2.3.5　聚合物的力学强度 ·············· 49
2.3.6　疲劳强度 ·············· 50

2.4　高分子材料的电学性质 ·············· 50

2.5　高分子材料的其他性质 ·············· 52
2.5.1　光性质 ·············· 52
2.5.2　溶解性 ·············· 52
2.5.3　渗透性 ·············· 53

2.6　高分子材料的老化与防老化 ·············· 53

第 3 章　塑料 ·············· 55

3.1　塑料的分类与特点 ·············· 55
3.2　通用塑料 ·············· 56

3.2.1 聚乙烯 …………………………………………… 56

3.2.2 聚丙烯 …………………………………………… 58

3.2.3 聚氯乙烯 ………………………………………… 59

3.2.4 聚苯乙烯 ………………………………………… 61

3.2.5 ABS 树脂(丙烯腈—丁二烯—苯乙烯共聚树脂) ……… 62

3.2.6 聚甲基丙烯酸甲酯 ……………………………… 63

3.2.7 酚醛塑料 ………………………………………… 63

3.2.8 氨基塑料 ………………………………………… 64

3.3 工程塑料 ……………………………………………… 65

3.3.1 尼龙(聚酰胺) …………………………………… 65

3.3.2 聚碳酸酯 ………………………………………… 66

3.3.3 热塑性聚酯(PET) ……………………………… 66

3.3.4 聚甲醛 …………………………………………… 67

3.3.5 聚砜 ……………………………………………… 68

3.3.6 聚酰亚胺 ………………………………………… 68

3.4 特种塑料 ……………………………………………… 68

3.4.1 聚四氟乙烯(PT_fE) …………………………… 68

3.4.2 有机硅树脂 ……………………………………… 69

3.5 塑料制品的组分与作用 ……………………………… 70

3.6 塑料制品的成型加工方法 …………………………… 72

3.6.1 挤出成型 ………………………………………… 72

3.6.2 注塑成型 ………………………………………… 72

3.6.3 压制成型 ………………………………………… 73

3.6.4 压延成型 ………………………………………… 74

3.6.5 吹塑成型 ………………………………………… 74

第 4 章 橡胶和纤维 …………………………………… 76

4.1 橡胶的基本知识 ……………………………………… 76

4.1.1 为什么橡胶具有高弹性 …………………………………… 76
   4.1.2 橡胶的基本性能指标 …………………………………… 77
   4.1.3 橡胶的分类 …………………………………………… 78
   4.1.4 橡胶的基本配方 ………………………………………… 78
4.2 合成橡胶的主要品种 …………………………………………… 79
4.3 橡胶制品的加工 ………………………………………………… 83
   4.3.1 干胶制品的生产 ………………………………………… 83
   4.3.2 胶乳制品的生产 ………………………………………… 84
4.4 纤维的基本知识 ………………………………………………… 85
   4.4.1 纤维的细度 …………………………………………… 85
   4.4.2 纤维的分类 …………………………………………… 85
   4.4.3 成纤聚合物 …………………………………………… 86
4.5 合成纤维的主要品种 …………………………………………… 87
   4.5.1 聚酰胺纤维(尼龙纤维) ………………………………… 87
   4.5.2 聚酯纤维 ……………………………………………… 88
   4.5.3 聚丙烯腈纤维 ………………………………………… 88
   4.5.4 聚丙烯纤维 …………………………………………… 89
   4.5.5 聚乙烯醇纤维 ………………………………………… 90
   4.5.6 聚氨酯纤维 …………………………………………… 91
   4.5.7 碳纤维 ………………………………………………… 91
   4.5.8 芳纶 …………………………………………………… 92
4.6 纤维的加工 ……………………………………………………… 93
   4.6.1 熔融纺丝 ……………………………………………… 93
   4.6.2 溶液纺丝 ……………………………………………… 93

第5章 涂料与胶粘剂 ……………………………………………… 95
5.1 涂料概述 ………………………………………………………… 95
   5.1.1 涂料及其功能 ………………………………………… 95

5.1.2 涂料的组成 …………………………………… 96

5.1.3 涂料的分类 …………………………………… 97

5.2 涂装技术 ………………………………………… 99

5.3 涂料的应用 ……………………………………… 100

5.3.1 汽车中的特种涂料 …………………………… 100

5.3.2 乳胶漆的选用 ………………………………… 102

5.3.3 防火涂料 ……………………………………… 104

5.4 胶粘剂概述 ……………………………………… 105

5.4.1 胶粘剂与粘接 ………………………………… 105

5.4.2 胶粘剂的组成 ………………………………… 106

5.4.3 胶粘剂的分类 ………………………………… 107

5.5 粘接工艺 ………………………………………… 109

5.5.1 表面处理 ……………………………………… 109

5.5.2 胶粘剂的涂布 ………………………………… 110

5.5.3 胶粘剂的固化 ………………………………… 110

5.6 胶粘剂的应用 …………………………………… 111

5.6.1 人造板材 ……………………………………… 111

5.6.2 医用胶 ………………………………………… 112

5.6.3 压敏胶(即时贴) ……………………………… 113

第6章 医用高分子材料 …………………………… 114

6.1 医用高分子材料与它的特殊要求 ……………… 114

6.2 人工脏器 ………………………………………… 116

6.3 修复用高分子材料 ……………………………… 118

6.4 高分子医疗用品 ………………………………… 120

6.5 高分子药物缓释放与送达体系 ………………… 121

第7章 功能高分子材料 …………………………… 124

7.1 感光树脂与光刻胶 ………………………………… 124
7.2 塑料光纤 …………………………………………… 125
7.3 导电高分子材料 …………………………………… 127
　　7.3.1 本征型导电高分子材料 ……………………… 127
　　7.3.2 复合型导电高分子材料 ……………………… 128
7.4 磁性记录材料 ……………………………………… 130
7.5 高分子膜与家用净水器 …………………………… 130

第8章　绿色高分子材料 …………………………………… 133

8.1 绿色高分子概念 …………………………………… 133
8.2 绿色高分子材料的设计与"零排放" ……………… 133
8.3 环境惰性高分子材料的循环利用 ………………… 135
　　8.3.1 高分子材料废弃物的来源 …………………… 136
　　8.3.2 塑料的回收与利用 …………………………… 137
　　8.3.3 橡胶的回收与利用 …………………………… 139
　　8.3.4 纤维的回收与利用 …………………………… 140
8.4 可环境降解高分子材料的开发利用 ……………… 141
8.5 高分子材料与可持续发展 ………………………… 145

附录 …………………………………………………………… 147

参考文献 ……………………………………………………… 150

第1章　认识高分子与高分子材料

1.1　现代生活中的高分子材料

材料是现代文明和技术进步的基石。历史学家常用材料作为历史阶段划分的标志，如石器时代、青铜器时代、铁器时代等，可见材料在人类社会发展中的重要地位和作用。自20世纪20年代以来，高分子科学与技术的发展极为迅猛。高分子材料特别是合成高分子材料由于其具有的优异性能，已在信息、生命等新技术领域，以及工业、农业、国防、交通等部门中发挥着重要作用。高分子材料占飞机总重的约65%，占汽车总重约18%。没有合成橡胶用于制备汽车轮胎，就没有现代汽车工业。回顾近年来，信息工业和微电子工业的飞速发展无一不是以电子高分子材料的发展为依托的：没有高分辨光刻胶和塑封树脂的发展就不可能有超大规模集成电路的成功，即今天的计算机技术；没有有机光缆和光信息存储材料的出现也不可能有信息高速公路的发展。高分子材料在现代生活，特别是人们衣食住行方面的应用更是不胜枚举，如果说我们生活在高分子的世界里，一点也不为过。

早晨起床洗漱时，所用的牙刷、水杯是塑料的，它们是高分子的材料，既轻巧又方便；准备早餐时，你用不粘锅煎鸡蛋，之所以不粘锅底，是因为锅底的表面被涂了一层叫聚四氟乙烯的高分子材料，它使你的劳动变得轻松；你用微波炉热食物，盛装食品的碗、碟是一种叫聚丙烯的高分子材料制成的。你在厨房还可以看到很多物品，如调味盒、果汁瓶、牛奶盒、洗菜的盆、淘米的篮、食品保鲜膜等，它们都是用高分子材料制造的。餐桌上有丰盛的食品，即使在冬季，你也可以看到黄瓜、西红柿等新鲜蔬菜甚至西瓜等夏季水果。这些蔬菜和水果来自于如"图1.1"所示的塑料大棚。严冬季节,冰封雪飘,但在祖国大地的塑料棚内,绿油油的农作物却显出一派生机。塑料大棚使海拔5 000米左右的青海、西藏等地,有史以来没有生长过农作物的许多地方,不但长出了农作物,还高产稳产。如果没有塑料大棚,北京市的居民可能至今还在靠储藏大白菜过冬。

图1.1　拱型塑料大棚

再说衣着吧,你身上的外套是化纤的,或是毛涤混纺的,裤子是含高弹性莱卡纤维的,袜子是尼龙或氨棉的,皮鞋或运动鞋的鞋底是聚氨酯的,这些都来自于高分子材料。环顾你的家,塑钢门窗、窗纱、定型门、进水和排水管道、遮阳棚等,也是由高分子材料制造的;室内的墙壁、冰箱、家具处处都有高分子涂料的踪影。走出家门,室外的大楼、汽车、广告牌、路标、警示牌、信号牌等也都被涂料装饰。道路上车水马龙,大大小小的自行车、摩托车、汽车从你面前驶过,如果没有合成橡胶制造的轮胎,人们很难如此方便、快捷地出行。

（1）

（2）

图1.2　宝马3系列轿车

不仅是橡胶轮胎,汽车中的很多部件都来自高分子材料。"图1.2"是一款德国宝马3系列轿车。让我们来解剖其结构,看一看哪些部分是由高分子材料制造的:保险杠、蓄电池壳、仪表壳、挡泥板、嵌板、发动机罩、空调系统制件、空滤器壳、水箱的材质是PP的;座椅、仪表板、车内地板、减振器、护板的材质是PUR的;收音机壳、仪表壳、工具箱、扶手、散热格板、变速箱壳、反射镜壳体是PC/ABS合金的;内护板、油箱、行李架、刮水器、扶手骨架是PE的;气门罩、排气管、车身侧面护板是聚酯合金的;散热器盖、衬套、齿轮、皮带轮、气缸头盖、水泵叶轮是PA的;电线电缆包材、地板垫是PVC的;加载齿轮、燃油泵、电气设备系统、各种轴承、衬套是POM的;保险杠、前端板、车门把手、前灯是PC的;后挡板、遮阳罩、灯罩是PMMA的;嵌板、耐冲击格栅是PPO的;化油器是PF的。在汽车工业领域大量使用塑料零配件替代各种昂贵的有色金属及合金材料,不仅提高了汽车造型的美观与设计的灵活性,降低了零部件的加工、装配与维修费用,还有利于节能和环保。

还有塑料拼装玩具、一次性医疗用品、婴儿尿不湿、隐形眼镜……高分子材料在现代生活中的应用随处可见。其实就连人自身的肌体除了60%水外,剩下的40%的一半以上也是蛋白质、核酸等天然高分子,也属高分子科学的研究范畴。我们可以毫不夸张地说,如果没有高分子,就不会有世界和生命。那么,你了解高分子吗?为了更好地利用它们,享受高分子给我们带来的现代生活,让我们一起来认识高分子与高分子材料吧!

1.2 高分子科学的发展概况

人类直接利用天然高分子,可以追溯到远古时期,比如利用纤维素造纸、利用蛋白质缫丝和鞣革、利用生漆作涂料和利用动物胶作墨的粘合剂等等。但人工合成高分子化合物则是20世纪才开始的。虽然在19世纪的中后期人们已经知道对天然高分子进行改性,典型例子如天然橡胶的硫化成功(1839),由硝酸纤维素和樟脑制得的赛璐珞塑料(1855),以及人造丝的发明(1883)。然而真正从小分子出发合成高分子化合物是从酚醛树脂开始的(1907),接着1912年出现了丁钠橡胶。

1920年,德国人施陶丁格(Standinger)发表了划时代的文献——《论聚合》。他提出了"高分子"、"长链大分子"的概念。他预言了一些含有某些官能团的有机物可以通过官能团间的反应而聚合,比如聚苯乙烯、聚甲醛等,后来都得到了证实。但在1926年的"自然科学研究者"会议(德国)上,大家都主张纤维素是低分子,只有施陶丁格孤军奋战,认为其为高分子。4年后,在法兰克福(德国)召开的"有机化学与胶体化学"年会上,"高分子"学说终于取得了胜利,而坚持纤维素是低分子的只剩一人。施陶丁格的学说在1932年法拉第学会上得到公认。施陶丁格是高分子科学的奠基人,为了表彰他的杰出贡献,1953年,72岁的他登上了诺贝尔化学奖的领奖台。

高分子学说的确立,有力地促进了高分子合成工业的发展。上世纪的20年代末和三四十年代,大量重要的新聚合物被合成出来,比如醇酸树脂(1926)、聚氯乙烯(1928)、脲醛树脂(1929)、聚苯乙烯(1930)、聚甲基丙烯酸甲酯(1936)、高压聚乙烯(1935)、聚醋酸乙烯(1936)、丁基橡胶(1940)、涤纶纤维(1941)、聚氨酯(1943)、环氧树脂(1947)、ABS(1948)等。

到了20世纪50年代,德国的齐格勒(Ziegler)和意大利的纳塔(Natta)发明了新的催化剂,使乙烯低压聚合制备高密度聚乙烯(1953)和丙烯定向聚合制备全同聚丙烯(1955)实现工业化。这是高分子科学的又一个里程碑。1963年,齐格勒和纳塔分享了当年的诺贝尔化学奖。此后,新的高效催化剂的问世,使聚乙烯、聚丙烯的生产更大型化,价格更便宜。顺丁橡胶(1959)、异戊橡胶(1959)和乙丙橡胶(1960)等弹性体获大规模发展,同时聚甲醛(1956)、聚碳酸酯(1957)、聚酰亚胺(1962)、聚砜(1965)、聚苯硫醚(1968)等工程塑料相继问世。各种新的高强度、耐高温等高分子材料层出不穷。所以从这一时期开始高分子全面走向了繁荣。

高分子合成工业的成就又反过来极大地促进了高分子科学理论的发展。美国化学家弗洛里(Flory)从上世纪40年代至70年代在缩聚反应理论、高分子溶液的统计热力学和高分子链的构象统计等方面作出了一系列杰出的贡献,进一步完善了高分子学说。弗洛里因此获得了1974年的诺贝尔化学奖,成为高分子科学史上第三个里程碑。后来法国的德热纳(de Gennes)把现代凝聚态物理学的新概念如软物质、标度律、复杂流体、分形、魔梯、图样动力学、临界动力学等嫁接到高分子科学的研究中来。他的这些概念丰富了高分子学说。德热纳获得了1991年度诺贝尔物理奖。日本的白川英树(Shirakawa)因在导电高分子方面的特殊贡献而获得了2000年的诺贝尔化学奖。

如今,高分子科学已经发展成为一门独立的学科,与其他传统学科不同,它既是一门基础学科又是一门应用科学。在基础化学一级学科中,高分子与无机、有机、分析、物化并列为二级学科;而在应用性的材料科学中,高分子材料与金属材料和无机非金属材料共同组成最重要的三个领域。高分子工业也发展迅猛,产量逐年增加。现在塑料的产量已超过了木材和水泥等结构材料的总产量;合成橡胶的产量也已超过了天然橡胶;而合成纤维的年产量在上世纪80年代就已达到了棉花、羊毛等天然和人造纤维的2倍。

当今,高分子科学与高分子工业的研究和发展方向是:①通过新型高效催化剂的开发,重要的通用高分子品种向更大型工业化发展;②通过新型聚合方法、化学和物理改性以及复合,获得新性能、新品种、新用途的高聚物;③开发功能高分子如生物高分子、光敏高分子、导电高分子等等。

[阅读材料] 历史上有关高分子的争论

面对高分子材料取得的辉煌成就,我们不能不缅怀高分子科学的奠基人、德国化学家赫尔曼·施陶丁格。今天,我们谈起高分子这个术语并未觉得有特殊的地方,然而人类对高分子组成、结构的认识却经历了漫长曲折的过程,曾引发过激烈的争论。

1812年，化学家在用酸水解木屑、树皮、淀粉等植物材料的实验中得到了葡萄糖，证明淀粉、纤维素都由葡萄糖组成。1826年，法拉第通过元素分析发现橡胶的单体分子是C_5H_8，后来人们测出C_5H_8的结构是异戊二烯。就这样，人们逐步了解了构成某些天然高分子化合物的单体。1839年，有个名叫古德意尔的美国人，偶然发现天然橡胶与硫磺共热后明显地改变了硬度较低、遇热发黏软化、遇冷发脆断裂的不实用的性质，而变为富有弹性、可塑性的材料。

但化学家们一直搞不清这些天然高分子的分子量究竟是多少，它为什么难于透过半透膜而有点像胶体，它为什么没有固定的熔点和沸点，不易形成结晶。这些独特的性质以当时流行的化学观来看是很难理解的。

早在1861年，胶体化学的奠基人、英国化学家格雷阿姆曾将它们与胶体进行比较，认为纤维素是葡萄糖的缔合体（所谓缔合即小分子的物理集合），并从其溶液具有胶体性质着眼，提出了高分子的胶体理论。这一理论在一定程度上解释了某些高分子的特性，得到许多化学家的支持。当时只有德国有机化学家施陶丁格等少数人不同意胶体论者的上述看法。1920年，施陶丁格发表了《论聚合》的论文，他从研究甲醛和丙二烯的聚合反应出发，认为聚合不同于缔合，它的分子靠正常的化学键结合，天然橡胶应该具有线性直链的价键结构式。这篇论文的发表，就像在一潭平静的湖水中扔进一块石头，引起了一场激烈的论战。

1922年，施陶丁格进而提出了高分子是由长链大分子构成的观点，动摇了传统的胶体理论的基础。胶体论者坚持认为，天然橡胶是通过部分价键缔合起来的，这种缔合归结于异戊二烯的不饱和状态。他们自信地预言：橡胶加氢将会破坏这种缔合，得到的产物将是一种低沸点的低分子烷烃。针对这一点，施陶丁格研究了天然橡胶的加氢过程，结果得到的是加氢橡胶而不是低分子烷烃。而且加氢橡胶在性质上与天然橡胶几乎没有什么区别。结论增强了他关于天然橡胶是由长链大分子构成的信念。随后他又将研究成果推广到多聚甲醛和聚苯乙烯,指出它们的结构同样是由共价键结合形成的长链大分子。

施陶丁格的观点继续遭到胶体论者的激烈反对,有的学者曾劝告说:"离开大分子这个概念吧!根本不可能有大分子那样的东西。"但是施陶丁格没有退却,他更认真地开展有关课题的深入研究,坚信自己的理论是正确的。为此他先后在1924年及1926年召开的德国博物学及医学会议上和1925年召开的德国化学会的会议上详细地介绍了自己的大分子理论,与胶体论者展开了面对面的辩论。

辩论主要围绕着两个问题:一是施陶丁格认为测定高分子溶液的黏度可以换算出其分子量,根据分子量的多少就可以确定它是大分子还是小分子;胶体论者则认为黏度和分子量没有直接的联系。当时由于缺乏必要的实验证明,施陶丁格显得较被动,处于劣势。施陶丁格没有却步,而是通过反复地研究,终于在黏度和分子量之间建立了定量关系式,这就是著名的"施陶丁格方程"。辩论的另一个问题是高分子结构中晶胞与其分子的关系。双方都使用 X 射线衍射法来观测纤维素,都发现单体(小分子)与晶胞大小很接近。对此双方的看法截然不同:胶体论者认为一个晶胞就是一个分子,晶胞通过晶格力相互缔合,形成高分子;施陶丁格认为晶胞大小与高分子本身大小无关,一个高分子可以穿过许多晶胞。对同一实验事实有不同解释,可见正确的解释与正确的实验同样是重要的。

科学的裁判是实验事实。正当双方观点争执不下时,1926年,瑞典化学家斯维德贝格等人设计出一种超速离心机,用它测量出蛋白质的分子量:证明高分子化合物的分子量的确是从几万到几百万。这一事实成为大分子理论的直接证据。

事实上,参加这场论战的科学家都是严肃认真和热烈友好的,他们为了追求科学的真理,都进行了慎密的实验和研究,都尊重客观的实验事实。当许多实验逐渐证明施陶丁格的理论更符合事实时,支持施陶丁格的队伍也随之壮大,到1926年的化学会上,除一人持保留态度外,大分子的概念已得到与会者的一致公认。

在大分子理论被接受的过程中,最使人感动的是原先大分子理论的两位主要反对者,晶胞学说的权威——马克和迈那在1928年公开地承认了自己的错误,同时高度评价了施陶丁格的出色工作和坚韧不拔的精神,并且还具体地帮助施陶丁格完善和发展了大分子理论。这就是真正的科学精神。

1932年,施陶丁格总结了自己的大分子理论,出版了划时代的巨著——《高分子有机化合物》,这部巨著成为高分子科学诞生的标志。

1.3 高分子的基本概念

1.3.1 什么是高分子

高分子就是那些分子量特别大的物质。常见的分子,我们称其为"小分子",一般由几个或几十个原子组成,分子量也在几十到几百之间。如水分子的分子量为18、二氧化硫的分子量是44。高分子则不同,它的分子量至少要大于1万。高分子物质的分子一般由几千、几万甚至几十万个原子组成,其分子量也就是以几万、几十万甚至以亿来计算。高分子的"高"就是指它的分子量高。

通常将生成高分子的那些低分子原料称为"单体"。高分子物质有个共同的结构特性,即都是由简单的结构单元以重复的方式连接而成的。这种结构单元被称为"链节"。结构重复单元的数目叫"聚合度",常用符号DP(Degree of Polymerization)表示。高分子是链式结构,构成高分子的骨架结构,以化学键结合的原子集合,叫"主链"。于是,连接在主链原子上的原子或原子集合,被称为"支链"。支链可以较小,称为"侧基";可以较大,称为"侧链"。

1.3.2 高分子的命名

前已介绍,高分子是由许多简单的结构单元连接而成的,因此高分子化合物的正规命名法，又称为"IUPAC 命名法"，是在聚合物重复单元的系统命名前冠以"聚"字构成的。但因繁琐冗长，一般用于新聚合的命名或在学术交流中使用。人们普遍采用的是通俗命名法。有以下几种：

(1) 根据单体的名称来命名。

以单体或假想单体为基础，前面冠以"聚"字，就成为聚合物名称。例如，用乙烯得到的聚合物就称"聚乙烯"，其他如聚丙烯、聚苯乙烯、聚氯乙烯等分别是丙烯、苯乙烯、氯乙烯的聚合物。

$$CH_2=CH \atop | \atop Cl \quad \longrightarrow \quad \sim\sim CH_2-CH-CH_2-CH-CH_2-CH\sim\sim \atop \qquad | \qquad\quad | \qquad\quad | \atop \qquad Cl \qquad\quad Cl \qquad\quad Cl \quad \longrightarrow \quad \left[CH_2-CH\right]_n \atop \qquad\qquad\qquad\qquad | \atop \qquad\qquad\qquad\qquad Cl$$

单体(氯乙烯)　　　　聚合物(聚氯乙烯)　　　　聚合物的简化表示
　　　　　　　　　　　　　　　　　　　　　　　括号内为重复单元

(2) 根据特征官能团来命名。

以主链中所有品种共有的特征化学单元为基础。如把含酰胺官能团的一类聚合物统称为"聚酰胺"(尼龙)，而分子中含有酯基的一类聚合物统称为"聚酯"。至于具体品种有更详细的名称，如己二酸和己二胺的反应产物称为"聚己二酸己二胺"等。

$$H_2N-(CH_2)_6-NH_2 + HOOC-(CH_2)_4-COOH \longrightarrow \left[NH-(CH_2)_6-NH-\overset{O}{\underset{\|}{C}}-(CH_2)_4-\overset{O}{\underset{\|}{C}}\right]$$

己二胺(单体Ⅰ)　　　己二酸(单体Ⅱ)　　　　结构单元Ⅰ　　结构单元Ⅱ
　　　　　　　　　　　　　　　　　　　　　　　←――――重复单元――――→

(3) 按聚合物的组成命名。

这种命名法在热固性树脂和橡胶类聚合物中常用。取单体名或简称，后缀为"树脂"二字或"橡胶"二字。如酚醛树脂是由苯酚和甲醛聚合而成的，环氧树脂是由环氧化合物为原料聚合而成的，丁苯橡胶是由丁二烯和苯乙烯共聚而成的。

(4) 按商品名或俗称命名。

商品名称或专利商标名称是由材料制造商命名的，突出所指的是商品或品种，如聚酰胺类的商品名的译名为"尼龙"，其他商品名还有特氟隆(聚四氟乙烯)、赛璐珞(硝酸纤维素)等。聚对苯二甲酸乙二醇酯的习惯名称为"涤纶"，聚丙烯腈为"腈纶"，而俗名"有机玻璃"(聚甲基丙烯酸甲酯)、"电木"(酚醛树脂)、

"电玉"(脲醛塑料)等名称也已被广泛采用。

表1.1 常见聚合物的缩写举例

聚合物	缩写	聚合物	缩写
丙烯腈－丁二烯－苯乙烯共聚物	ABS	聚氨酯	PU
醋酸纤维素	CA	环氧树脂	EP
聚甲基丙烯酸甲酯	PMMA	聚酰胺	PA
聚对苯二甲酸乙二醇酯	PET	聚丙烯腈	PAN
聚碳酸酯	PC	聚丙烯	PP
聚甲醛	POM	聚乙烯	PE
天然橡胶	NR	聚氯乙烯	PVC
氯丁橡胶	CR	聚苯乙烯	PS

(5) 按化学名称的标准缩写。

许多聚合物的化学名称的标准缩写因其简便而被日益广泛地采用。缩写应采用印刷体大小写,不加标点。例如 ABS 树脂是丙烯腈、丁二烯和苯乙烯三种单体共聚而成,用它们英文名称的第一个大写字母就构成了这一树脂的名称。"表1.1"列举了常见聚合物的缩写。

1.3.3 高分子的分类

根据高分子的来源,聚合物可以分为天然高分子、改性高分子和合成高分子。

天然高分子是指自然界中存在的高分子化合物。我们平时衣、食、住、行所必需的棉花、蚕丝、淀粉、蛋白质、木材、天然橡胶等都是天然高分子材料。

改性高分子是将天然高分子经化学处理后制成的高分子化合物,又叫"半天然高分子"。世界上第一个人造的高分子材料——硝酸纤维素,它是用天然的纤维素,如棉花或棉布用浓硝酸和浓硫酸处理后制成的。

合成高分子则是由小分子化合物用化学方法得到的高分子化合物。我们日常生活中使用的聚乙烯塑料和尼龙纤维等都是用化学法制备而成的合成高分子化合物。显然,高分子科学研究的主要对象是合成高分子和半天然高分子。

高分子材料的用途是多方面的,主要用于制备塑料、橡胶和纤维。我们可以用塑料制成各种用品,用橡胶制备轮胎,用纤维织成各种精美的织物等等。随着材料应用领域的不断扩大,高分子材料在涂料、胶粘剂和功能高分子方面也有了很大的发展。因此,我们也可以把高分子材料按上述六种用途来进行分类。

不过需要注意的是,这种分类方法不是十分严格的,因为同一种高分子材料往往可以有多种用途。以聚氨酯树脂为例,这种材料十分耐磨,可以制作塑胶跑道和溜冰鞋的轮子。聚氨酯发泡后形成硬度不同的泡沫塑料,用于制作家具、坐垫和保温材料。由于它富有弹性,聚氨酯可以代替橡胶做运动鞋的鞋底;把它拉成丝可以制备高强度高弹性的莱卡纤维。聚氨酯涂料是一种高性能的耐磨耐水涂料,可以用于制备高强度的地板漆和工业用漆;用聚氨酯制备的胶粘剂强度非常高,是一种性能优异的结构胶粘剂;而且,由于聚氨酯具有优异的生物和血液相容性,它在医用材料中也崭露头角。这种能够适应多种需要的特点也是高分子材料备受人们青睐的重要原因。

比较严格的分类方式是按照高分子主链的组成来进行分类,把高分子化合物分成碳链高分子(主链只含碳元素)、杂链高分子(主链含碳、氧、磷等元素)、元素有机高分子(主链不含碳元素)和无机高分子(主链不含有机元素)。这些在此就不作详细介绍了。

[阅读材料] 创立高分子学说的赫尔曼·施陶丁格

1881年3月23日,赫尔曼·施陶丁格(Hermann Staudinger 1881—1965)出生在德国的弗尔姆斯。他父亲是新康德派的哲学家,所以他从小就受到各种新的哲学思想的熏陶,对新事物比较敏锐,在科学推理、思维中,能够不受传统观念的束缚,善于从复杂的事物中,理出头绪,发现关键之处,提出新的观点。在中学时,他曾对植物学发生浓厚的兴趣,所以中学毕业后,他考入哈勒大学(Uni-

versity of Halle)学习植物学。这时有一位对科学发展颇有见地的朋友向他父母进言,最好先让施陶丁格打下雄厚的化学基础后,再让他进入植物学的领域。这一中肯的建议被采纳了,借他父亲转到达姆一所大学任教的机会,施陶丁格也来到该城的工业大学改读化学。从此施陶丁格与化学结下不解之缘。1903年,他完成了关于"不饱和化合物丙二酸酯"的毕业论文,大学毕业。接着又来到施特拉斯堡,拜著名的有机化学家梯尔为师继续深造。1907年,以他在实验中发现的高活性烯酮为题完成了博士论文,获得了博士学位。同年他被聘为卡尔斯鲁厄工业大学的副教授。5年后他被楚利希联邦工业大学聘任为化学教授。在这里他执教了14年,这期间的教学和研究使他熟悉了化学,特别是有机化学的各个领域和一些新的理论,为他顺利开展科学研究奠定了扎实的基础;也在这期间,他投入了上述关于高分子组成、结构的学术论战。1926年,他为了有更充裕的时间,进行更多的实验来验证他的大分子理论,他应聘来到布莱斯高的符来堡专心从事科学研究。在符来堡度过了他的后半生,许多重要的科研成果都是在这里完成的。

施陶丁格在高分子科学研究中取得成功之后,他开始按照早年的设想,将研究的重点逐步转入植物学领域。事实上,他选择高分子课题时,就曾考虑到它与植物学的密切关系。1926年他就预言大分子化合物在有生命的有机体中、特别是蛋白质之类化合物中起重要的作用。他顺理成章地将大分子的概念引入生物化学并和他的妻子——植物生理学家玛格达·福特合作研究大分子与植物生理。

要证明大分子同样存在于动、植物等有生命的生物体内,他们认为最好能找到除了黏度法之外的其他方法,证明大分子的存在形式。经过两年多的努力,他们利用电子显微镜等现代实验观测手段,终于用事实证明了生物体内存在大分子。可惜的是这一项有重要意义的工作,因希特勒法西斯的上台和第二次世界大战而被迫中断,施陶丁格所在的研究所毁于战火。第二次世界大战一结束,施陶丁格立即总结了他前一段关于生物有机物中大分子的研究。1947 年出版了《大分子化学及生物学》。在这一著作中,它尝试地描绘了分子生物学的概貌,为分子生物学这一前沿学科的建立和发展奠定了基础。为了配合高分子科学的发展,1947 年起他主持编辑了《高分子化学》这一专业杂志。他晚年的兴趣主要在分子生物学的研究上,由于年事已高,成就不多,但是培养了许多高分子研究方面的人才。1965 年 9 月 8 日,施陶丁格安然去世,享年 84 岁。

1.4 天然高分子

1.4.1 天然多糖

(1) 纤维素。

纤维素(cellulose)是 D—吡喃葡萄糖酐(1-5)彼此以 β(1-4)苷键连结而成的线形高分子,或看成 n 个聚合的 D—葡萄糖酐(即失水葡萄糖),写成通式($C_6H_{10}O_5$)n,结构式如"图 1.3"所示。1838 年,法国科学家佩因(Payen)从木材提取某种化合物的过程中分离出一种物质,由于这种物质是在破坏细胞组织后得到的,因而佩因把它称为由 cell(细胞)和 lose(破坏)组成的一个新名词——"cellulose"。

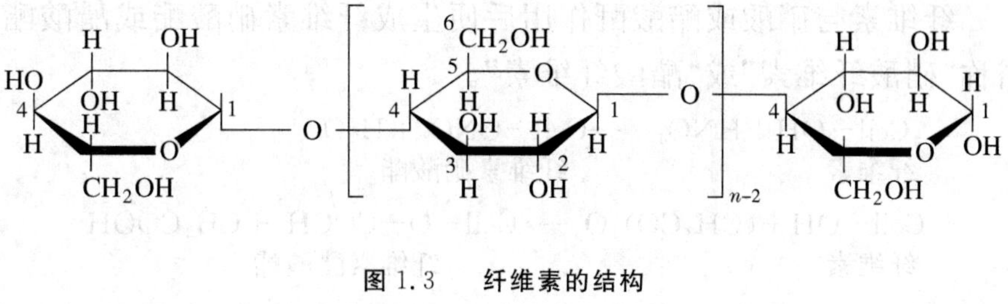

图 1.3　纤维素的结构

植物每年通过光合作用,能产生出亿万吨纤维素,是纤维素最主要的来源。棉花是自然界中纤维素含量最高的纤维,其纤维素含量为 90%～98%;而木材是纤维素化学工业的主要原料,木材的主要成分是纤维素、半纤维素和木质素(见"表 1.2")。半纤维素是指纤维素以外的碳水化合物(少量果胶和淀粉除外),它是由两种或两种以上单糖残基组成的不均一聚糖,大多带有短侧链。构成半纤维素的单糖主要有:D—木糖、L—阿拉伯糖、D—半乳糖、D—甘露糖、D—葡萄糖和 4—O—甲基—D—葡萄糖醛酸等。木质素是由苯丙烷结构单元组成的具有复杂三维空间结构的非晶高分子。

表 1.2 木材的主要组成比(%)

树种	纤维素	半纤维素	木质素
针叶木	50～55	15～20	25～30
阔叶木	50～55	20～25	20～25

植物具有叶绿素,它在阳光下吸收了太阳辐射能。这种能量使 CO_2 和水在植物体内进行有机合成,生成单糖。这个过程称为"光合作用"。在酶的帮助下,葡萄糖通过反应活性很高的磷酸酯衍生物进行聚合。1 位羟基被磷酸酯化,衍生成具有高反应活性的脲啶葡萄糖磷酸酯—葡萄糖(UDP-葡萄糖)。UDP-葡萄糖受到其他葡萄糖分子的进攻而聚合生成纤维素。

纤维素有三个活泼的羟基,是一种多元醇化合物,经化学反应后主要形成纤维素酯和纤维素醚两大类纤维素衍生物。纤维素衍生物的取代度定义为平均每个葡萄糖残基上被取代的羟基数。纤维素衍生物的最大取代度为 3,取代度可以不是整数。

纤维素与硝酸或醋酸酐作用后便生成纤维素硝酸酯或醋酸酯,俗称"硝酸纤维素"或"醋酸纤维素"。

$$Cell-OH + HNO_3 \longrightarrow Cell-ONO_2 + H_2O$$
纤维素　　　　　　　纤维素硝酸酯

$$Cell-OH + (CH_3CO)_2O \longrightarrow Cell-O-COCH_3 + CH_3COOH$$
纤维素　　　　　　　　　　　纤维素醋酸酯

醋酸纤维素中应用最广的是二醋酸纤维素,因为它易溶于廉价的溶剂(如丙酮)中。

$$\text{Cell}-\text{OH} + \text{NaOH} + \text{CS}_2 \longrightarrow \text{Cell}-\text{O}-\underset{\underset{S}{\|}}{C}-\text{SNa} + \text{H}_2\text{O}$$

纤维素黄酸钠

$$\text{Cell}-\text{O}-\underset{\underset{S}{\|}}{C}-\text{SNa} + \frac{1}{2}\text{H}_2\text{SO}_4 \longrightarrow \text{Cell}-\text{OH} + \text{CS}_2 + \frac{1}{2}\text{Na}_2\text{SO}_4$$

再生纤维素

纤维素与 NaOH 和二硫化碳反应可制得纤维素磺酸钠,它也是一种纤维素的酯类。将此液体喷丝到酸性凝固液中得到的纤维称"再生纤维素",俗称"粘胶法人造丝";若在酸性凝固液中再生成薄膜状,称为"玻璃纸",亦即赛璐玢(Cellophane)。

$$\text{CuO} + 2\text{NH}_4\text{OH} \longrightarrow [\text{Cu}(\text{NH}_3)_4][\text{OH}]_2$$

$$(\text{Cell}-\text{O})_2[\text{Cu}(\text{NH}_3)_4] \longrightarrow 2\text{Cell}-\text{OH}$$

另外纤维素也可用铜氨溶液溶解,再生凝固成丝,称"铜氨纤维"。纤维素能与醚化试剂反应而生成纤维素醚。

(2) 淀粉。

淀粉(starch)是植物的种子、根、块茎、果实和叶子等细胞组成的主要成分。其资源极为丰富,价格低廉。淀粉是生命活动的主要能源。人能消化淀粉,却不能消化纤维素,因为人体消化系统中存在酶,可以使多糖中的 α 苷键水解最终成为葡萄糖,但不能水解 β 苷键。淀粉分直链淀粉和支链淀粉两大类。直链淀粉为 D-葡萄糖残基以 α-1、4-苷键连接的多糖("图 1.4");支链淀粉为 D-葡萄糖残基一部分以 α-1、6-苷键连接而成的多糖("图 1.5"),分支与分支之间的间距为 11~12 个葡萄糖残基。不同植物分离出的淀粉中直链淀粉与支链淀粉的含量不相同("表 1.3")。

直链淀粉易结晶,不溶于冷水;纯支链淀粉能均匀分散于水中。因而天然淀粉也不溶于冷水,但在 60℃~80℃下于水中会发生"糊化作用",而形成均匀的糊状溶液。

为了扩大应用,淀粉也常需进行化学变性。变性淀粉的主要类型有氧化淀粉、交联淀粉、淀粉酯、羟丙基淀粉和羧甲基淀粉等。

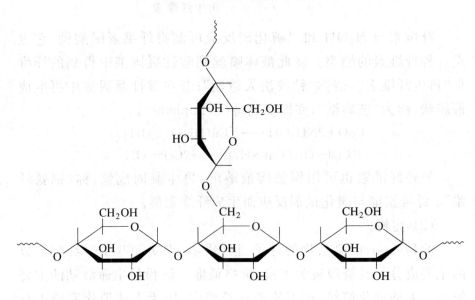

图1.4　直链淀粉的化学结构

图1.5　支链淀粉的化学结构

表1.3　天然淀粉的直链与支链含量(%)

结构	玉米淀粉	小麦淀粉	马铃薯淀粉	木薯淀粉
直链	28	28	21	17
支链	72	72	79	83

(3) 甲壳素、壳聚糖。

甲壳素(chitin)又名"几丁质"、"甲壳质",化学名称是(1,4)-2-乙酰氨基-2-脱氧-β-D-葡萄聚糖。甲壳素广泛存在于虾、蟹等节肢类动物的外壳、昆虫的甲壳、软体动物的壳和骨骼及菌、藻类等之中,是自然界含量仅次于纤维素的第二大类天然高分子,其年生物合成量达100亿吨。甲壳素又是唯一大量存在的天然碱性多糖,也是除蛋白质外数量最大的含氮生物高分子。由于存在大量氢键,甲壳素分子间作用力极强,不溶于水和一般有机溶剂。人们用碱脱去

2 位碳上的乙酰基得到壳聚糖（chitosan，又称"甲壳胺"）。壳聚糖的氨基能被酸质子化而形成胺盐，所以壳聚糖能溶于各种酸性介质，如稀的无机或有机酸溶液（pH≤6）。这就使壳聚糖得到了比甲壳素多得多的用途。

$$\text{甲壳素} \xrightarrow[40\%\sim50\%\text{NaOH}]{80\sim120^\circ\text{C}} \text{壳聚糖}$$

壳聚糖的化学结构与纤维素非常相似，只是 2 位碳上得的羟基被氨基所代替。正是由于这个氨基使其具有许多纤维素所没有的特性，所以也增加了许多化学改性的途径。壳聚糖已经广泛用于水处理、医药、食品、农业、生物工程、日用化工、纺织印染、造纸和烟草等领域。由于壳聚糖无毒，有很好的生物相容性、生物活性和可生物降解性，而且具有抗菌、消炎、止血、免疫等作用，因此，可用作人造皮肤、自吸收手术缝合线、医用敷料、人工骨、组织工程支架材料、免疫促进剂、抗血栓剂、抗菌剂、制酸剂和药物缓释材料等。壳聚糖及其衍生物是很好的絮凝剂，可用于废水处理及从含金属废水中回收金属；在食品工业中用作保鲜剂、成形剂、吸附剂和保健食品等；在农业方面用作生长促进剂、生物农药等；在纺织印染业用作媒染剂、保健织物等；在烟草工业中用作烟草薄片胶粘剂、低焦油过滤嘴等。此外壳聚糖及其衍生物还用于固定化酶、色谱担体、渗透膜、电镀和胶卷生产等等。

1.4.2 天然橡胶

天然橡胶（Nature Rubber，简称 NR）是从橡胶树的分泌物（又称"乳胶"）中得到的。目前全世界 98% 以上的天然橡胶是从三叶橡胶树（原产巴西，也叫巴西橡胶树）采集而得。我国海南岛、雷州半岛、西双版纳和广西南部具有良好的自然条件，很适宜种橡胶树。

它的主要成分是聚异戊二烯(含 30%～40%)。其结构式为：

$$\{CH-\underset{\underset{CH_3}{|}}{C}-CH-CH_2\}_n$$

其分子量从几万到几百万。多分散性系数为 2.8～10，并具有双峰分布的性质。橡胶树的种类不同，其分子的立体构型也不同。巴西胶含 97% 以上的顺式－1,4 加成结构，在室温下具有弹性及柔软性，是弹性体；而古塔波胶具反式－1,4 加成结构，在室温下呈硬固状态，不是弹性体。通常天然橡胶指的是前者。

$$-CH_2 \underset{\underset{CH_3}{|}}{\overset{CH_3}{|}}{C}=\underset{H}{C} \quad CH_2 \quad \underset{\underset{H}{|}}{\overset{H}{|}}{C}=\underset{CH_2-}{C}$$

顺式 1,4－加成结构

$$-CH_2 \underset{\underset{CH_3}{|}}{\overset{H}{|}}{C}=\underset{CH_3}{C} \quad CH_2 \quad \underset{\underset{CH_2-}{|}}{\overset{H}{|}}{C}=\underset{CH_3}{C}$$

反式 1,4－加成结构

天然橡胶大量用于制造轮胎，其他天然橡胶制品还有胶管、胶带、轧辊、电缆、胶鞋、鞋底、雨衣、软管及医疗卫生用品等。天然橡胶具有良好的弹性，回弹率在 0℃～100℃ 范围内，可达 50%～80% 以上，最大伸长率可达 1 000%，且具有较高的机械强度和耐疲劳性能。但天然橡胶为非极性物质，故溶于非极性溶剂，如汽油和苯等，耐油和耐溶剂性差。由于天然橡胶含有不饱和双键，因此在空气中易与氧发生自催化氧化，使分子断链或过度交联，从而使橡胶发生粘化或龟裂等老化现象。所以必须加入防老剂以改善其耐老化性。生胶需要用硫交联成网状结构后才能产生足够的强度和可恢复的弹性。

1.4.3 蛋白质与核酸

蛋白质(proteins)这个词是由希腊语 proteios 一词派生而来，

意思是"最重要的部分"。确实,它是植物和动物的基本组分。

生命体的细胞膜或细胞中含有蛋白质,蛋白质是与生命现象关系最密切的物质。它是分子量为 30 000~300 000 的天然高分子化合物。

蛋白质由氨基酸组成,这些氨基酸的通式如"图 1.6"所示。由于侧基 R 的不同,氨基酸约有 20 种,除了甘氨酸外,所有氨基酸都含不对称碳原子,都是 L—氨基酸。

$$\text{H}_2\text{N} - \underset{R}{\overset{\text{COOH}}{\text{C}}} - \text{H}$$

图 1.6　氨基酸的通式(L 构型)

氨基酸失水而结合所形成的键成为肽键("图 1.7")。蛋白质就是由许多 α—氨基酸结合起来的多肽(或称"聚肽"),因而蛋白质可以看成 20 种单体组成的聚合物。与此反应相反,蛋白质水解可得到氨基酸。

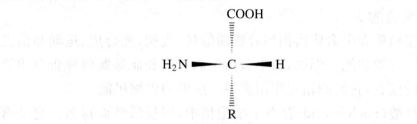

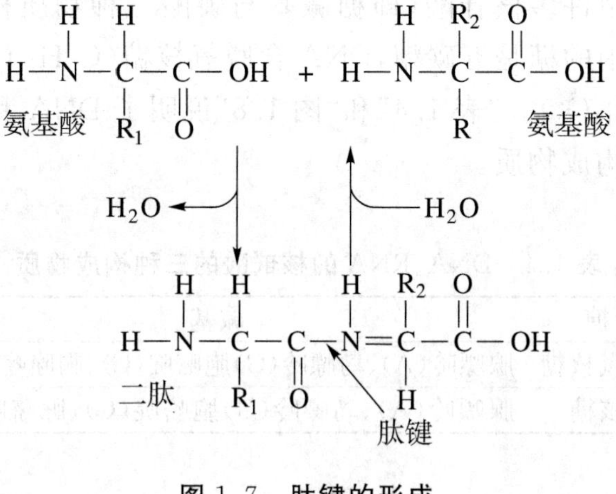

图 1.7　肽键的形成

蛋白质分为两类:一类是纯蛋白质,另一类是含有其他有机化合物的复合蛋白质。纯蛋白质有:白蛋白、球蛋白、硬蛋白(键骨胶原、爪与毛发的角朊);复合蛋白质有:核蛋白质(加核酸)、核糖蛋白质(加磷脂质)、糖蛋白质(加糖)、色素蛋白质(加铁、铜、有机色素如血红朊和细胞色素等)。

另一方面,蛋白质从形态上讲,可以分为纤维蛋白质和球蛋白质两种,前者由分子内氢键键接,后者则由分子间氢键键接。纤维蛋白,如毛发和指甲中的角蛋白,结缔组织中的骨胶原和肌肉中的肌球蛋白等,它们是不溶于水的高强度聚合物;相反,球蛋白,如酶、激素、血红蛋白和白蛋白则是水溶性的低强度聚合物。

蛋白质在生命体内担当着物质输送、代谢、光合成、运动和信息传递等重要功能。例如,由于肌肉中肌动朊和肌球朊两种蛋白质的特殊的配置,它们的相互作用实现了肌肉的收缩机能。

核酸(nucleic acid)存在于细胞核中,因呈酸性而得名。它是携带生命体遗传信息的天然高分子化合物。核酸分脱氧核糖核酸(deoxyribonucleic acid,简称 DNA)和核糖核酸(ribonucleic acid,简称 RNA)两大类。染色体等含有 DNA,分子量为 600 万到 10 亿。细胞核的中心或细胞质的核糖体等含有 RNA,其分子量小于 DNA,为数万到 200 万。

核酸是由许多核苷酸(即糖碱基与磷酸三种物质构成的单元)组成的。其中的糖是五碳糖,DNA 含脱氧核糖($C_5H_{10}O_4$),而 RNA 含核糖($C_5H_{10}O_5$)。"表 1.4"和"图 1.8"说明了 DNA 和 RNA 的各种核甙酸的构成物质。

表 1.4 DNA、RNA 的核甙酸的三种构成物质

核酸类型	糖	碱基	磷酸
DNA	脱氧核糖	腺嘌呤(A)、鸟嘌呤(G)胞嘧啶(C)、胸腺嘧啶(T)	磷酸
RNA	核糖	腺嘌呤(A)、鸟嘌呤(G)胞嘧啶(C)、脲嘧啶(U)	磷酸

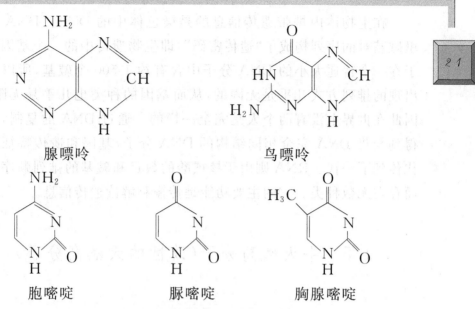

图 1.8　各种碱基的化学结构式

RNA 一般是由数十至数百、甚至 1 千个核苷酸组成的一根线性长链。而 DNA 是由两根含有数千个核苷酸组成的分子链结合的双螺旋结构,就像一座螺旋直上的楼梯两边的扶手,分子链完全是刚性的。"图 1.9"是 DNA 双螺旋结构(右旋)的示意图,螺距为 3.4nm。在 DNA 双螺旋结构中存在的 G—C 和 A—T 两种碱基对,依靠碱基对之间的强的氢键,使 DNA 具有稳定的双螺旋结构。

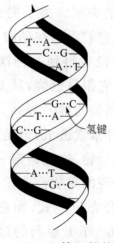

图 1.9　DNA 的双螺旋结构

在生物体内携带遗传信息的是染色体中的 DNA。DNA 分子里碱基对的序列构成了"遗传密码",即生物遗传中的一个基因。由于在一个普通大小的 DNA 分子中含有约 1 500 个碱基,所以可能出现的排列方式几乎是无限的,从而基因的种类也几乎是无限的,因此在世界上没有两个人是完全一样的。通过 DNA 的复制,可以得到与母 DNA 完全相同结构的 DNA 分子,基因和遗传特征从一代传到下一代。RNA 则由于核甙酸的数目和碱基的排列顺序不同而存在无数种类。它的主要功能是传输和解读遗传信息。

1.5 半天然高分子(改性的天然高分子)

1.5.1 赛璐珞的发现

1864 年的一天,瑞士巴塞尔大学的化学教授舍恩拜因在自家的厨房里做实验,一不小心把正在蒸馏硝酸和硫酸的烧瓶打破掉在地板上。因为找不到抹布,他顺手用他妻子的布围裙把地板擦干,然后把洗过的布围裙挂在火炉旁烘干。就在围裙快要烘干时,突然出现一道闪光,整个围裙消失了。为了揭开布围裙自燃的秘密,舍恩拜因找来了一些棉花把它们浸泡在硝酸和硫酸的混合液中,然后用水洗净,很小心地烘干,最后得到一种淡黄色的棉花。现在人们知道,这就是硝酸纤维素,它很易燃烧,甚至爆炸,被称为"火棉",可用于制造炸药,这是人类制备的第一种高分子合成物。虽然远在这之前,中国人就知道利用纤维素造纸,但是改变纤维素的成分,使它成为一种新的高分子的化合物,这还是第一次。

舍恩拜因深知这个发现的重要商业价值,他在杂志上只发表了新炸药的化学式,却没有公布反应式,而把反应式卖给了商人。但由于生产太不安全,到 1862 年奥地利的最后两家火棉厂被炸毁后就停止了生产。可是化学家们对硝酸纤维素的研究并没有中止。

英国冶金学家、化学家帕克斯发现硝酸纤维素能溶解在乙醚和酒精中，这种溶液在空气中蒸发了溶剂可得到一种角质状的物质。美国印刷工人海厄特发现在这种物质中加入樟脑会提高韧性，而且具有加热时软化、冷却时变硬的可塑性，很易加工。这种用樟脑增塑的硝酸纤维素就是历史上的第一种塑料，称为"赛璐珞"(Celluloid)。它广泛被用于制作乒乓球、照相胶卷、梳子、眼睛架、衬衫衣领和指甲油等。

1.5.2 天然橡胶的硫化

人类使用天然橡胶的历史已经有好几个世纪了。哥伦布在发现新大陆的航行中发现，南美洲土著人玩的一种球是用硬化了的植物汁液做成的。哥伦布和后来的探险家们无不对这种有弹性的球惊讶不已。一些样品被视为珍品带回欧洲。后来人们发现这种弹性球能够擦掉铅笔的痕迹，因此给它起了一个普通的名字——"擦子(rubber)"，这仍是现在这种物质的英文名字，这种物质就是橡胶。

从高分子科学的历史来看，橡胶的研究对高分子科学的发展所起的推动作用比天然多糖和蛋白质都大。这不仅因为橡胶的独特的弹性使它成为工业上非常重要的材料，而且还在于天然高分子中惟独橡胶能裂解成已知结构的简单分子(即异戊二烯)，并且还能从这些单体再生成橡胶。这一特性使人们认识到不必完全按照天然物质的精细结构就能制备对人类有用的材料。

橡胶树原来是亚马逊河流域的一种植物，乳胶是从这种"三叶树"的切口里流出的，将这种乳胶涂在织物上硬化后可做成简陋的风雨衣。当地居民甚至把胶乳倒在他们的脚上和腿上，干后便成了雨靴。但是在发明橡胶的硫化方法之前，生胶的用途还很有限，因为它的强度很差，弹性难以恢复。

1839年，由于橡胶硫化技术的发明，才使这种材料真正具有实用性。这要归功于美国化学家、工程师古德伊尔(Goodyear)。古德伊尔受到当时焦炭炼钢技术的启发，设想通过在生橡胶中混入其他元素来提高橡胶的性能。他研究消除橡胶发粘的方法10多年未取得成功。1838年,他将硫磺掺进胶乳,然后放在阳光下曝晒,但这种粘性消除的改进只限于制品的表面。1839年1月,他不小心把胶乳和硫磺的混合物泼洒在热火炉上,把它刮起来冷却后,发现这东西已没有粘性,拉长或扭曲时还有弹性,能恢复原状,原来能溶解生胶的溶剂对它不再起作用了。这一发明是令人兴奋的,以后他继续改变配方,加入少量的碳酸铅,使橡胶的弹性更好。古德伊尔发明的硫化技术至今仍在橡胶工业中使用。

1845年,汤姆森发明了气胎,橡胶从此就与汽车工业结下了不解之缘,成为现代人生活中不可缺少的一种材料。

1.6 合成高分子的制备方法

1.6.1 链式聚合反应

对小分子中含有两个或两个以上可反应基团的化合物或具有不饱和键的烯烃类化合物,可以通过聚合的方法使小分子单体一个一个地连接在一起,形成具有高分子量和性能优良的聚合物。

烯类单体是一类在分子中含有不饱和双键的化合物。最简单的烯类化合物是乙烯,其他的烯烃化合物都可以看成乙烯分子中的一个或两个氢原子被其他元素或基团所取代后生成的衍生物。如氯乙烯、苯乙烯就是乙烯分子中的一个氢原子被氯原子和苯基取代后形成的。这类烯烃化合物在一种特殊的化合物的作用下,就能发生聚合反应,这种特殊的化合物称为"引发剂"。

引发剂是一种非常不稳定的小分子化合物,在它们的分子中含有在较低的温度下就会离解的共价键。它们在受热分解时,或是生成两个自由基,或是生成一个阳离子和一个阴离子。

均裂生成自由基 R·|·R→2R·

异裂生成离子 A|∶B→A$^+$ + ∶B$^-$

生成的自由基或离子都是非常活泼的,它们能在较低的温度下同烯类单体反应,使它们把双键打开,进行聚合反应,所以称为"引发剂"。我们把用自由基引发的聚合反应称为"自由基聚合",用阳离子或阴离子引发的聚合反应分别称为"阳离子聚合反应"或"阴离子聚合反应",统称"离子聚合"。这三种方法虽然各有特色,但都属于加成聚合、分子引发聚合。有的单体,如苯乙烯在这三种不同类型的引发剂作用下都能聚合,但得到的产品性能却有相当大的差别。

在加成聚合中,最重要的反应是自由基聚合反应。在工业上,有60%以上的聚合物是用这种方法制备的。

(1) 自由基聚合反应。

用于自由基聚合的引发剂是一些分子中含有过氧键或偶氮键的小分子化合物。这些共价键的键能很低,能在较低的温度下(如60℃~100℃)发生均裂,产生两个带有单电子的基团,称为"自由基"。

自由基是非常不稳定的,它们能很快地同体系中的烯烃分子发生作用,使π键打开生成一个单体自由基。这种使π键打开的方式有点类似于接力赛跑时接力棒的传递,所需的能量非常低,所以一旦体系中有一个引发剂自由基存在,它们马上就会同单体反应,生成单体自由基,使单体分子一个个地加成上去。自由基变得越来越长,直到最后遇到另一个自由基,相互合并在一起,变成一个稳定的大分子为止,这种终止形式称为"偶合终止"。如果两个自由基间有氢原子的交换,最后生成两个聚合物分子,则称为"歧化终止"。整个加成聚合过程包括链引发、链增长和链终止三个阶段。其聚合过程"如图1.10"所示。

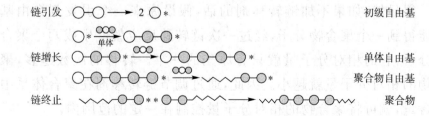

图1.10　自由基聚合反应示意图

常用的引发剂有偶氮化合物,如偶氮二异丁腈(AIBN)和过氧化物,如过氧化苯甲酰(BPO)或过氧化氢(H_2O_2)。它们都能在较低的温度下分解,生成相应的自由基。

显然,引发剂的作用就像爆竹的引线一样,一旦引线被点燃,爆竹在瞬间爆炸;而在烯烃的聚合反应中,只要引发剂一分解产生自由基,加成聚合反应也会在瞬间进行,生成一个聚合物分子。自由基源源不断地产生,体系中生成的聚合物分子也越来越多。最后,大部分单体都变成了聚合物。加聚反应具有连锁反应的特点,所以我们又把它称为"连锁聚合"。在加成聚合中,聚合物生成的多少和快慢与引发剂的用量和分解速度有密切关系。

在整个聚合体系中,加入的引发剂的量是很少的,它们的浓度仅是单体浓度的千分之一或万分之一。由于聚合物的相对分子量很大,引发剂在整个聚合物分子中所占的比例是很少的,对聚合物的性质影响也很少,所以我们在书写聚合物的结构式时,都不必写出引发剂的结构。

在自由基聚合反应中,聚合物的相对分子量是通过加入一种叫链转移剂的试剂(HS)来控制的。这些链转移分子很容易同体系中的大分子链自由基反应,使原来的自由基终止,另外形成一个新的自由基(S·),这个新生成的自由基又可以引发其他单体的聚合反应。

$$R· \ + \ HS \ \rightarrow \ R-H \ + \ S·$$
链自由基　链转移剂　　聚合物　链转移自由基
$$S· \ + \ M \ \rightarrow \ SM·$$
　　　　　单体　　新的单体自由基

很显然,如果不加链转移剂的话,假设原来一个引发剂自由基只能得到一个聚合物分子,经过一次链转移反应就能生成两个聚合物分子,它的相对分子量就只有原先的一半。转移的次数越多,聚合物的相对分子量就越小。因此,通过调节链转移剂在聚合体系中的含量,就可将聚合物的相对分子量控制在一定的范围内。

(2) 其他加成聚合反应。

第1章 认识高分子与高分子材料

如果引发剂分解后产生的是具有活性的阳离子(H^+)或阴离子(R^-),并用它们去引发单体聚合,形成相应的碳正离子(C^+)或碳负离子(C^-),这类加聚反应分别称为"阳离子聚合"或"阴离子聚合"。由于离子的活性比自由基更高,因此,离子聚合通常是在室温或低于室温的温度下进行。

$$H^+X^- + CH_2=\underset{R}{\underset{|}{\overset{H}{\overset{|}{C}}}} \longrightarrow CH_3-\underset{R}{\underset{|}{\overset{H}{\overset{|}{C}}}}^+X^- \longrightarrow CH_3CHR\sim\sim\underset{R}{\underset{|}{\overset{H}{\overset{|}{C}}}}^+X^- \quad \text{阳离子聚合反应}$$

$$R^-Li^+ + CH_2=\underset{R}{\underset{|}{\overset{H}{\overset{|}{C}}}} \longrightarrow CH_2R'-\underset{R}{\underset{|}{\overset{H}{\overset{|}{C}}}}^-Li^+ \longrightarrow CH_3CHR'\sim\sim\underset{R}{\underset{|}{\overset{H}{\overset{|}{C}}}}^-Li^+ \quad \text{阴离子聚合反应}$$

阴离子聚合是一种很有特色的聚合方法,用阴离子聚合的方法能够制备相对分子量非常均一的聚合物,称为"窄相对分子量分布的聚合物",是一类性能优良的高分子。

阴离子聚合又称为"活性聚合"。这类聚合反应形成的长链阴离子活性中心都是不会"死"的,因为两个阴离子相遇时,只会互相排斥,不可能结合在一起;即使当体系中的全部单体都消耗完,只要不外加终止剂,所形成的高分子链始终是"活"的,具有很高的反应活性。如果向体系中再加进去一些单体,这些单体会在高分子链的末端继续生长。如果新加入的单体性质不同,那么就能得到在同一根分子链上含有两种或多种单体成分的嵌段共聚物,其结构如"图1.11"所示。这样形成的聚合物会同时具有这两种单体形成的聚合物的性质。用阴离子聚合的方法可以制成二嵌段、三嵌段和具有星型结构的聚合物,它们为聚合物家庭增添了许多性能优异的新品种。例如,一种非常著名的热塑性弹性体SBS,就是由苯乙烯(S)同丁二烯(B)通过阴离子聚合的方法制备而成的。聚苯乙烯是一种十分脆而硬的聚合物,聚丁二烯是一种富有弹性的橡胶,把它们聚合在一起可以做成一种具有很好弹性和强度的橡胶("图1.11")。这种橡胶不用硫化,可以像塑料一样用普通的塑料加工机械进行加工,大大提高了生产效率。

$$A\sim A + nB \quad A\sim\sim\sim \quad ABBBBB \quad 二嵌段共聚物$$

$$SSSSSSB\sim\sim\sim BSSSSSS \quad 三嵌段共聚物$$

图 1.11　用阴离子聚合制成的嵌段共聚物

还有一种由齐格勒—纳塔(Ziegler-Natta)发明的配位聚合也可以归入加成聚合的范畴。这种聚合过程的引发剂是由过渡金属的卤代物同金属有机化合物组成，如 $TiCl_3$（三氯化钛）、$Al(C_2H_5)_3$（三乙基铝）或 $Al(C_2H_5Cl)_2Cl$（氯二乙基铝）等。它们能使单体分子按照一定的规律进行聚合，所以又称为"定向聚合"。得到的聚合物分子的空间排列非常规整，性能十分优异。常见的制备一次性杯子的原料聚丙烯就只能用这种方法聚合，得到具有全同立构的聚合物。用类似的引发剂可以在低温低压下制备具有线性结构的聚乙烯和性能优异的顺丁橡胶。

1.6.2　逐步聚合反应

在有机化学中我们已经学到，酸同醇反应会生成酯，酸同胺反应会生成酰胺等，反应过程中会脱去一个分子的水，因此是一类缩合反应。

$$\underset{酸}{R-\underset{\underset{O}{\|}}{C}-OH} + \underset{醇}{R'-OH} \longrightarrow \underset{酯}{R-\underset{\underset{O}{\|}}{C}-O-R'} + \underset{水}{H_2O}$$

$$\underset{酸}{R-\underset{\underset{O}{\|}}{C}-OH} + \underset{胺}{R'-NH_2} \longrightarrow \underset{酰胺}{R-\underset{\underset{O}{\|}}{C}-NHR'} + \underset{水}{H_2O}$$

如果我们用 1 个含有 2 个羧酸基的二元酸分子同 1 个含有 2 个羟基的二元醇分子或含有 2 个氨基的二元胺分子进行反应，情况又会怎么样呢？很显然，反应得到的化合物两端分别含有一个未反应的羧基和羟基（或氨基）。它们还能同其他的羟基（或氨基）及羧基进一步反应，使分子量不断增加，最后形成相对分子量很高的聚合物。

整个缩聚反应的过程如"图 1.12"所示。

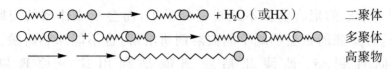 二聚体
多聚体
高聚物

图 1.12　缩聚反应示意图

缩聚反应的单体自身含有两个可以反应的基团。在反应过程中,反应的单体都是反应的活性中心,它们在反应的每一时刻都同对应的基团进行反应。先生成二聚体,二聚体再反应成三聚体或四聚体,以此类推,分子量逐步增加。所以,缩聚反应也被称为"逐步聚合反应"。为了使反应进行得快些,在缩聚反应中常加入少量催化剂,例如,聚酯合成常用的催化剂是无机酸如硫酸等。

要通过缩聚反应生成分子量高的聚合物并不是一件容易的事,除了单体本身的反应活性外,还必须对单体的纯度和配比有严格的要求。可以想象,如果在聚酯的合成中,每 100 个单体分子中混入一个可反应的单官能团杂质如乙酸或乙醇,最后得到聚酯的平均聚合度不可能高于 100;同样,如果其中一种单体过量 1%,得到的聚酯的平均聚合度也不会高于 100。在聚合体中加入极微量的单官能团体或让其中一个单体稍稍过量是缩聚反应控制聚合物相对分子量最常用的方法("图 1.13")。

1.加入过量的B组分
2.加入单官能团化合物C

图 1.13　缩聚反应分子量控制示意图

此外,缩聚反应是可逆反应,如果不把反应过程中生成的小分子化合物从聚合体系中除去,也不可能获得相对分子量很高的聚合物。在合成聚酯的反应中,如果要得到聚合度大于 100 的缩聚物,要求水分的残余量低于 4×10^{-4} mol·L^{-1}(7mg·L^{-1})。不难想象,要把那么微量的水从聚合体系中除去,不是一件容易的事情;特别是当反应进行到一定程度,体系的黏度会变得很大。因此,反应须在高温和高真空度下进行,才能将体系中的这些残留的水分脱除。

如果在上述反应体系中加入一定量的三官能团或多官能团单体,最后形成的聚合物就不是线型分子了,而会形成体型的交联结构。这种交联的聚合物既不能被溶剂所溶解,也不能加热熔融。许多热固性树脂、油漆和粘胶剂就是利用这一原理制备的("图1.14")。

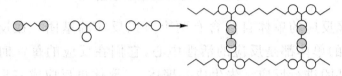

图1.14 体型缩聚反应示意图

1.6.3 高分子的侧基/端基反应

一般指高分子的侧基或端基具有反应性基团,如苯环、酰胺、酯、环氧基、羟基等。

利用高分子的化学反应改性天然高分子的方法已被广泛使用。人们利用纤维素的化学反应制造了赛璐珞和人造丝等有特色的高分子材料。改性的淀粉也是如此。用这种方法制备的高分子材料,原料来源广泛,间接利用太阳能,资源不会枯竭。

很多合成的高分子,也可以通过适当的化学反应将聚合物分子链上的基团转化为其他基团或在分子链上引入新的基团。这种方法常用来对聚合物进行改性。

一个实际的例子是聚乙烯的氯化,其分子链侧基的氢原子被氯部分取代,得到氯化聚乙烯。氯化聚乙烯可用于涂料。除聚乙烯外,聚丙烯、聚氯乙烯等饱和聚合物都可以氯化。

比较有意思的是利用高分子的反应,可以得到一些用单体无法获得的高分子。如聚乙烯醇是用甲醇醇解聚乙酸乙烯酯制得的,它是制备维尼纶纤维的主要原料。

聚苯乙烯的功能化是分子链引入新基团的另一重要应用。聚苯乙烯的芳环上易发生各种取代反应(硝化、磺化、氯磺化等),可被用来合成功能高分子、离子交换树脂,以及引入交联点或接枝点等。

聚合物侧基/端基反应还可以用来扩大聚合度,合成嵌段、接枝共聚物,当然也可能引起高分子的降解。

1.6.4 高分子的共混

两种或两种以上聚合物通过物理或化学的方法共同混合而形成的宏观上的均匀、连续的高分子材料,我们称之为"高分子的共混"。高分子共混是获得综合性能优异的高分子材料卓有成效的途径。

聚合物共混可以利用组分中聚合物的性能,取长补短。一种材料总是具有一定的优点和不足,特别是在使用方面。比如最常用的聚丙烯,它密度小,透明性好,拉伸强度、压缩强度和硬度优于聚乙烯,但是冲击强度、耐应力开裂柔顺性不如聚乙烯,可以将聚乙烯和聚丙烯共混,共混物能够同时保持二者的优点。将流动性好的高聚物作为改性剂,进行共混还可以降低共混体材料的加工成型温度,改善加工性能,降低成本。

聚合物共混的方法大体有物理共混法、共聚—共混法、互穿网络共聚物(IPN)技术等。

(1) 物理共混法。

物理共混法也称为"机械共混法",是通过各种混合机械供给的机械能或热能的作用,使被混物料粒子不断减少并且相互分散,最终形成均匀的混合物。在混合和混炼的过程中通常仅有物理变化,但有时候由于强烈的机械剪切以及热效应会发生部分高聚物的降解,产生大分子自由基,从而形成少量的接枝或嵌段共聚物,但这些化学反应不成为这一过程的主体。

大多数聚合物共混物都可以采用物理共混法,如果按照物料的形态,物理共混法又可分为干粉共混、熔体共混、溶液共混和乳液共混。

① 干粉共混法。干粉共混法是指两种或两种以上外观形态为

细粉状的聚合物在混合设备中混合,制备成共混物的方法。干粉混合过程可以加入各种助剂。干粉混合物料可直接成型或经挤出造粒后再成型。但是由于干粉共混混合效果不好,一般不单独使用,而是作为熔体共混的初混。对于难熔融、难溶解的聚合物干粉共混法有一定的价值。

② 熔体共混法。熔体共混法也称为"熔融共混法",是指在聚合的各个组分的粘流温度以上进行分散、混合的方法。熔体共混法制得的混合物可以直接成型,也可以经过造粒冷却形成粒状共混物。熔体共混法是一种常用的高聚物共混法,它与干粉共混法操作配合可以得到比较满意的共混物料。

③ 溶液共混法。溶液共混是将聚合物原料各个组分用溶剂溶解,搅拌均匀,然后加热除去溶剂或加入沉淀剂沉淀,制得共混物的方法。这种方法适合于易溶的高聚物和某些液态高聚物或共聚物以溶液状态使用的情况。

④ 乳液共混法。这是一种适合聚合物乳液共混或共混物以乳液的形式应用的一种方法。将不同的聚合物乳液一起搅拌混合均匀,加入凝聚剂使异种聚合物共沉析形成聚合物共混体系。这种方法可以与共聚—共混法联用。

(2) 共聚—共混法。

共聚—共混法是一种利用化学反应制备共混物的方法。它可以分为接枝共聚—共混法、嵌段共聚—共混法,主要以接枝共聚—共混方法为主。

接枝共聚—共混物包括三种组分:聚合物Ⅰ、聚合物Ⅱ、接枝共聚物(在聚合物Ⅰ骨架上接枝上聚合物Ⅱ)。它的制备方法是将聚合物Ⅰ溶于聚合物Ⅱ的单体中,形成均匀溶液后再依靠引发剂或加热引发,发生接枝反应,同时单体发生共聚反应。

这种方法的最大特点是由于接枝物的存在,增加了聚合物间的相容性,组分相之间的作用力增强了,因此其性能大大优于机械共混物,应用比较广泛。

(3) 互穿网络共聚物(IPN)技术。

互穿网络技术是指用化学法将两种或两种以上的聚合物相互穿成交织网络的方法。可以分为分步型（两个聚合物网络分别形成）和同步型（两个聚合物网络先后形成）两种。

分步 IPN 的制备方法是首先制备一个交联聚合物网络（聚合物Ⅰ），将它在含有活化剂和交联剂的单体Ⅱ中溶胀，单体Ⅱ就地聚合（原位聚合）并交联，因此聚合物Ⅱ的交联网络与聚合物Ⅰ交联网络相互贯穿，实现了聚合物的共混。

同步 IPN 比较简便，它是将单体Ⅰ和单体Ⅱ同时加入反应器中进行聚合反应并交联，形成互穿网络。但要求两个聚合反应无相互干扰。

聚合物共混的设备包括对聚合物粉料进行混合的设备和熔融共混设备，对粉料进行混合的过程相当于"简单混合"。所用的设备有高速搅拌机（又称"高速捏合机"）及 Z 型混合机等。粉料的混合设备主要用于聚合物粉料与各种添加剂均匀混合，以便于进一步的熔融共混。对于 PVC 粉料，特别是软制品或半硬制品，粉料的混合还要使增塑剂等液体助剂渗透到 PVC 粉粒中。熔融共混的设备包括开炼机、密炼机、单螺杆挤出机和双螺杆挤出机等。

双螺杆挤出机具有卓越的混合效果，是聚合物共混改性最得力的设备。双螺杆挤出机种类很多，根据分类方法的不同可分为：平行和锥形双螺杆挤出机、同向旋转和异向旋转双螺杆挤出机、合型与非合型双螺杆挤出机等。其中，合型双螺杆挤出机具有混炼效果好、物料在料筒内停留时间分布窄、挤出量大且能量消耗少等诸多优点。

第 2 章 高分子材料的结构与性质

2.1 高分子材料的结构

合成高分子材料从问世到今天也还不到 1 个世纪。然而,在这短短的几十年中,合成高分子材料的发展速度却远远超过其他传统材料。在过去 40 年里,美国塑料生产猛增了 100 倍,而在同一时期钢铁生产却几乎是负增长。如按体积计算,全世界塑料的产量在 20 世纪 90 年代初已超过钢铁。说明高分子材料在世界经济发展中的作用已变得越来越重要。

高分子材料的生产获得如此迅速发展的一个重要原因就是这种材料本身具有十分优良的性能。它不像金属材料那样重,却像金属一样坚固;它不像玻璃和陶瓷那样脆,却像它们一样透明和耐腐蚀。高分子材料的加工不像金属和陶瓷那样需要几千度的高温,也不需要很多的手工劳动,因此,加工方便,自动化程度高。例如,在汽车工业中,到 1990 年,塑料在每辆车中所占的重量已达 10.3%,占车用材料体积的一半左右,使小轿车的重量减轻了 1/3 以上。在机械和纺织行业,由于采用了塑料轴承和塑料轮来代替相应的金属零件,车床和织布机运转时的噪声大大降低,改善了工人的劳动条件。用塑料同玻璃纤维制成的复合材料——玻璃钢,有很好的力学强度,被用来代替钢铁制备船舶的螺旋桨和汽车的车架、车身等。在建材行业中,塑钢门窗的使用不仅美观、密封性好,而且节省了大量的木材资源。

高分子材料的这些优异性能是其内部结构的具体反映。认识高分子材料的结构,掌握高分子结构与性能的关系,可以帮助我们正确选择、合理使用高分子材料,也可以为新材料的制备提供可靠的依据。

高分子材料由许许多多高分子链聚集而成,因而其结构也可从两方面加以考察,即单个分子的链结构和许多高分子链聚在一起的凝聚态结构。

2.1.1 单体的组成和结构

高分子是由单体聚合而成的,单体的组成不同,得到的聚合物性质也不同,这是比较容易理解的。例如,聚乙烯是较软的塑料,透明度较差;聚苯乙烯是一种很脆、很硬的塑料,透明度很高;而尼龙则是一种韧性很好、很耐磨的塑料。三者的组成不同,性能也完全不同。聚乙烯软是因为每个碳原子上连接的两个氢原子都很小,碳链可以自由地转动;而当氢原子换成体积硕大的苯环以后,苯环会妨碍碳链的自由旋转,形成的聚合物就很脆;而尼龙的分子中含有极性很强的胺基和羧基,可以形成分子内和分子间的氢键,使整个聚合物在很大的冲击力作用下,也不会破损,韧性很好。因此,尼龙树脂是重要的工程塑料。

所以,只要我们把单体的结构改变一下,就能得到性能各异的聚合物。这也是许多高分子化学家每天在做的工作。例如,把合成尼龙的单体己二胺和己二酸分别换成相应的芳香类单体对苯二胺和对苯二甲酸,最后得到的产品芳香族聚酰胺有很好的强度和耐高温的性能,它们可以在200℃以上的高温下长期使用,是制备航天飞行器部件的重要材料。

除了单体组成以外,单体的排列方式也会影响聚合物的性能。例如,氯乙烯在聚合时,两个单体可能存在头头和头尾两种不同的连接方式。尽管在聚合物中头尾相连的结构总是占主导地位,但是少量头头相连结构的存在,会使聚合物的性能变差。

$$CH_2=CHR \longrightarrow -CH_2CH-CH_2CH- \text{ 或 } -CH_2CH-CHCH_2-$$
$$\qquad\qquad\qquad\quad\; | \qquad\quad\; | \qquad\qquad\quad\; | \qquad\; |$$
$$\qquad\qquad\qquad\quad R \qquad\quad R \qquad\qquad\quad R \quad\; R$$

        头－尾键接   头－头键接

单体分子的排列方式不同,还会产生几何异构和立体异构。

几何异构存在于双烯类单体形成的聚合物中。双烯类高分子主链上存在双键。由于取代基不能绕双键旋转,因而内双键上的基团在双键两侧排列的方式不同而有顺式构型和反式构型之分,称为"几何异构体"。当两个相同的基团处于同一边时为顺式异构,反之为反式异构。顺式结构的聚合物和反式结构的聚合物性质上有很大的差异("图 2.1"),典型的例子是聚异戊二烯。具有顺式结构的聚异戊二烯是弹性很好的天然橡胶,而具有反式结构的聚异戊二烯称为"杜仲胶"(国外称"古塔波胶"),却是性能很脆的塑料。这是因为后者的分子排列比较规整,会形成结晶,就不再有弹性。不过近年发现,在天然橡胶中混入少量杜仲胶后对提高橡胶的机械性能有利。

```
    ~CH₂       CH₂~              ~CH₂         CH₃
        \    /                        \      /
         C=C                           C=C
        /    \                        /      \
      H       CH₃                    H        CH₂~
      顺式—(天然橡胶)              反式—(杜仲胶)
```

图 2.1　天然橡胶的几何异构

立体异构是由于结构单元上取代基的空间位置不同形成的异构现象。以聚丙烯为例,丙烯的分子上带有一个甲基,这个甲基可以位于主链所形成的平面的上方或下方。如果甲基在空间的排列是任意的,没有一定的规律,得到的聚丙烯是无规立构的。这种无规立构的聚丙烯虽然相对分子量很大,但它的外观和性能却同石蜡相似,强度很差,不能作为材料使用,只能做颜料的发散剂。只有当甲基在空间的排列非常有规律时,得到的聚丙烯才会有很好的强度。我们平时使用的聚丙烯树脂都是由立体规整的分子组成的。立体规整分子所占的比例越高,聚合物的性能就越好。这种空间有序的排列可能是全同立构,也可能是间同立构。在全同立构的聚丙烯中,所有的甲基都处在碳链组成的平面上方;在间同立构的聚丙烯中,甲基交替地位于平面的上方和下方(如"图 2.2")。全同和间同立构的聚丙烯分子结构规整,能够结晶,因而有很高的机械强度。

用 Ziegler－Natta 催化剂进行自由基定向聚合,可以制备具有规整结构的聚合物。

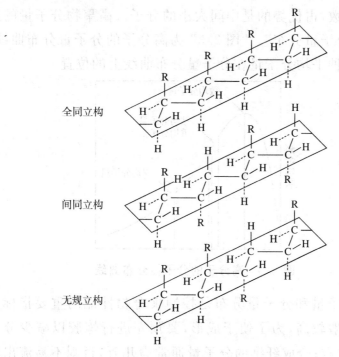

图 2.2　单烯类高分子的立体异构

2.1.2　高分子链的大小和形状

我们用高分子的分子量来表示高分子链的大小。高分子的分子量通常在 1 万以上,也就是说高分子比普通化合物的分子量大出几百乃至成千上万倍。高分子化合物之所以具有许多独特的性质,最重要的原因是其分子量大。

除了少数天然高分子如蛋白质、DNA 等外,高分子化合物的分子量是不均一的,实际上是一系列同系物的混合物,这种性质称为"多分散性"。正因为高聚物分子量的多分散性,所以其分子量和聚合度只是一个平均值,也就是说只有统计意义。统计平均方法的不同,其分子量的表示也不同,如用分子的数量统计,则有数均分子量;用分子的重量统计,则有重均分子量,以此类推。在高聚物的同系混合物中,有些分子比较小,有些分子比较大,而最大和最小的分子总是占少数,占优势的是中间大小的分子。高聚物分子量的这种分布称为"分子量分布"。"图 2.3"为高分子的分子量分布曲线,上面标记了各种平均分子量在分子量分布曲线上的位置。

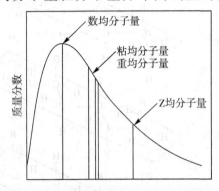

图 2.3 高分子的分子量分布曲线

平均分子量和分子量分布是控制聚合物性能的重要指标。橡胶分子量一般较高,为了便于成形,要预先进行炼胶以减少分子量至 2×10^5 左右;合成纤维的分子量通常为几万,否则不易流出喷丝孔;塑料的分子量一般介于橡胶和纤维之间。分子量分布对不同用途和成型方法有不同的要求,如合成纤维要求窄,而吹塑成型的塑料则宜宽一些。

在绝大多数情况下,生成的聚合物具有线性结构,如果在单体中存在三官能团或多官能团的化合物,或者由于反应过程太激烈,那么,最后反应得到的产物就可能形成带有支链或网状的结构。

由线性链或支化链形成的高分子是一种热塑性聚合物。如果将它们加热到熔融温度以上,聚合物会软化、熔解,稍稍施加压力,就能加工成各种不同的形状。它们在合适的溶剂中,还会溶解,是一类可以反复溶解和熔融的高分子材料。大部分塑料,如我们所熟悉的聚乙烯、聚氯乙烯都具有类似的链结构,统称为"热塑性聚合物"。

如果相邻的大分子链间用共价键接在一起,整个聚合物会形成三维的立体网状结构。可以想象,一旦聚合物形成这样的结构,聚合物分子就不能任意地移动了。这类聚合物在溶剂中不会溶解,加热时也不会熔融。橡胶及大部分涂料和胶粘剂都具有类似的结构,统称为"热固性聚合物"。热固性聚合物在某些方面如强度和耐温性等优于热塑性聚合物,但加工困难、难以回收再利用也是它的缺点。

要区分这两类高分子是很容易的。我们只要加热它们,在高温下能够软化的,是热塑性高分子,不能软化的是热固性高分子。热塑性高分子可以反复加热熔融,因此,废弃的热塑性塑料可以在塑料加工机械熔融,重新用于制备有用的塑料用品;而热固性聚合物在高温下不能再改变形状、直接回收,废弃后,通常只能当燃料使用。

2.1.3 高分子链的柔顺性

链状高分子链的直径为几十个纳米,链长则要大 3~5 个量级,这好比一根直径 1mm 而长达数十米的钢丝,如果没有外力作用,它不能保持直线形状而易于卷曲。高分子比钢丝柔软,更容易卷曲,高分子长链能不同程度地卷曲的特性称为"高分子的柔顺性",又叫"柔性"。

高分子链处于不断运动的状态。高分子主链上的 C—C 单键是由 σ 电子组成的,电子云分布具有轴对称性,因而 C—C 单键是可以绕轴旋转的,称为"内旋转"。假设碳原子上没有氢原子或取代基,单键的内旋转完全自由。由于键角固定在 109.5℃,一个键的自转会引起相邻键绕其公转,轨迹为圆锥形,如"图 2.4"所示。

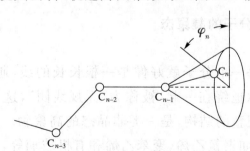

图 2.4 碳链聚合物的单键内旋转(φ_n 为内旋转角)

实际上,碳原子总是带有其他原子或基团,存在着吸引、排斥或电子共轭等作用,它们使C—C单键内旋转受到阻碍。那些阻碍小的高分子链容易内旋转,表现得很柔顺。因此柔顺性反映了高分子链内旋转的难易程度。

高分子链有成千上万个单键,单键内旋转的结果会导致高分子链呈总体卷曲的形态。如果施加外力使链拉直,再除去外力时,由于热运动,链会自动回缩到自然卷曲的状态,这就是为什么高分子普遍存在一定弹性的根本原因。

由于高分子链中的单键旋转时互相牵制,即一个键转动,要带动附近一段链一起运动,这样每个键不能成为一个独立运动的单元,而是由若干键组成的一段链作为一个独立运动单元,称为"链段"。整个分子链则可以看做由一些链段组成,链段并不是固定由某些键或链节组成,这一瞬间由这些键或链节组成一个链段,下一瞬间这些键或链节又可能分属于不同的链段。由链段组成的分子链的运动可以想象为一条蛇的运动。如果链的柔顺性越好,链段长度就越短。理想的柔顺情况是链段长度等于一个单键。

链柔性还可以用末端距表示。高分子两端点间的距离称为"末端距"。完全伸直的链末端距最大,卷曲的链末端距较短。分子量相同的同一种高分子,其末端距越短,则分子的卷曲程度越大,因此可以用链末端距来定量地描述高分子链的形状,并表征高分子的柔顺性。

分子结构、温度、外力等因素都会影响高分子链的柔顺性。

2.1.4 高分子的凝聚态

高聚物的每一个分子就好像是一根长长的线,通常情况下,它们互相杂乱无章地绕在一起,被称为"无规线团",这样形成的高聚物内部不存在规整的结构,是一类非晶态的高聚物。许多高聚物都有这样的结构,如聚氯乙烯、聚苯乙烯和有机玻璃等,以及几乎所有的橡胶。

但是也有不少聚合物,当它们在塑料加工机中被加热熔解,然后从熔体中冷却成型时,长链的分子会按照一定顺序规整的排列起来,形成有序的结晶结构。由于高分子的相对分子量很大,分子运动受到牵制,因此在通常情况下,它们不能像小分子化合物那样形成完美的单晶结构,也不能形成 100% 的结晶;所谓的结晶聚合物实际上只是一部分结晶的高分子,在这类聚合物中包含许多非晶区。为此,我们常用结晶部分的质量分数或体积分数来表示高分子的结晶度。

还有一点与小分子不同的是,高聚物结晶的熔融通常发生在几度甚至十几度的宽范围内,这个温度范围称为"熔限"。这是因为高聚物结晶的形态和完善程度很不相同,升温时尺寸较小、不太完善的晶体首先熔融,尺寸较大、比较完善的晶体则在较高的温度下才能熔融。

结晶影响了聚合物的性能,主要是力学性能和光学性能。结晶度越大,塑料越脆;甚至结晶度越大,高聚物越不透明,因为光线在晶区和非晶区界面发生光散射。

线形高分子长链具有显著的几何不对称性,其长度一般为其宽度的几百倍至几万倍。在外场作用下,分子链将沿着外场方向排列,这一过程称为"取向"。高聚物的取向现象,包括分子链、链段、晶片和微纤等沿外场方向的择优排列。

取向结构与结晶结构不同,它是一维或二维有序结构。因而能够很好取向的聚合物不一定能结晶。很多聚合物产品如合成纤维、薄膜等都是在一定条件下经过不同形式的拉伸工艺制成的。研究取向有着重要的实际应用意义。总的来说,取向的结果使沿取向方向的力学强度增加,但与取向方向相垂直的方向上却有所降低。

液晶态被称为物质的"第四态"或"中介态",它介于液态和晶态之间,是自发有序但仍能流动的状态,又称为"有序流体"。1888 年,奥地利植物学家 Reinitzer 首先发现苯甲酸胆甾醇酯于 146.6℃ 熔融后先成为乳白色液体,到 180.6℃ 才突然变清亮。这种乳白色液体是因为液晶态存在光学各向异性引起的,是形成液晶态的一个重要证据。最早发现的高分子液晶是合成多肽聚 L—谷氨酸—γ—苄酯(简称PBLG),它的氯仿溶液自发产生具有双折射性质的液晶相。

  高分子液晶突出的性质是其特殊的流变行为,即高浓度、低黏度和低剪切应力下的高取向度。因此,采用液晶纺丝可克服通常情况下高浓度必然伴随高黏度的困难,且易达到高度取向。美国杜邦公司的Kevlar纤维(B—纤维)就是采用液晶纺丝而制得的高强度纤维,强度大于钢丝。

  多肽、核酸、纤维素和甲壳素等天然高分子形成的液晶具有一些独特的光学性质,可用于彩色显示、变色温度计、温度警戒显示、检查集成电路中的疵点等异常发热,以及在环保领域用于检测痕量气体等。

[小实验]塑料薄膜的拉伸

  大家可以做一个塑料薄膜的拉伸实验。用剪刀从一般的塑料袋上剪一条长约5cm、宽约1cm的塑料薄膜,两手拿住两端,用适当的力,将薄膜均匀地进行拉伸,可以观察到薄膜渐渐地变窄,最后整条塑料薄膜变得一样粗细,这时你就会发现这样拉伸处理后的薄膜很难将它拉断。原来在拉伸的过程中,聚合物分子会沿拉伸方向取向,使聚合物强度提高。

  用过塑料包装绳的人也会有类似经验,要想把绳子拉断十分困难,而把绳子撕裂非常容易。这是因为塑料绳生产中都经过了拉伸处理,沿拉伸方向发生了取向。

2.2 高分子材料的热性质

  低分子有明确的沸点和熔点,可成为固相、液相和气相。

  与低分子不同,高分子没有气相。虽然大多数制造高分子的单体可以气化,但形成高分子量的聚合物后直至分解也无法气化。就像一只鸽子可以飞上蓝天,但用一根长绳子拴住一千只鸽子,很难想象它们能一起飞到天上。况且高分子链之间还有很强的相互作用力,更难以气化。

小分子的热运动方式有振动/转动和平动,是整个分子的运动,称为"布朗运动"。高分子的热运动除了上述的分子运动方式外,分子链中的一部分如链段、链节、支链和侧基等也存在相应的各种运动(称为"微布朗运动")。所以高分子的热性质也比小分子要复杂得多。在高分子的各种运动单元中,链段的运动最重要,高分子材料的许多特性都与链段的运动有直接关系。

2.2.1 玻璃化转变

穿过塑料凉鞋的人都会有这样的经验,穿在脚上的塑料凉鞋在夏天是十分柔软的,可是到了冬天却会像铁板一样硬,变得很滑,走路一不当心,还会摔跤。这是什么原因呢?

原来所有的非晶高聚物都存在着一个转变温度,叫"玻璃化转变温度",通常用 T_g 表示。在这个温度以上,高聚物表现为软而有弹性;但在这个温度以下,高聚物表现为硬而脆,类似玻璃。塑料拖鞋的原料是加有增塑剂的聚氯乙烯,它的玻璃化转变温度在 10℃~20℃之间,在夏天,室温高于这个转变温度,拖鞋就很软而有弹性;到了冬季,室温低于这个转变温度,它就像玻璃一样硬而脆。

聚合物在玻璃化转变温度前后所表现出截然不同的力学性质,这同分子的热运动有关。

我们知道,分子是处在不停地运动之中。小分子化合物在固态时,分子运动的主要形式是振动和转动。随着温度的升高,分子热运动的振幅增加,但在物质的熔点以下,分子间并不会产生相对位移,能够很好地保持固定的形状;当温度进一步升高到熔点以上,分子热运动加剧,分子间产生相对位移,固态就变成了液态。

高分子的情况比较复杂。高分子的运动单元可以是一个重复单元,或几个重复单元(称为"链节"),也可以是几十个或几百个重复单元(称为"链段"),甚至是整个分子的运动。在玻璃化温度以下,由于分子热运动的能量很小,链段处于被"冻结"的状态。只有侧基、链节、短支链等小运动单元的局部振动以及键长、键角的变化。因而这个状态下的高聚物的力学性质和小分子玻璃差不多,受力后形变很小(0.01%～0.1%),所以叫"玻璃态高分子"。

当把聚合物加热到玻璃温度以上时,热运动的能量足以使"冻结"的链段运动,但还不足以使整个分子链产生位移。这种状态下的高聚物表现出类似于橡胶的性质:受较小的力就可以发生很大的形变(100%～1 000%),外力除去后形变可以完全恢复(称为"高弹形变")。高弹态是高分子特有的力学状态。在小分子化合物中是不能观察到的。

表 2.1 部分高聚物的玻璃化转变温度

种类	高聚物	$T_g(℃)$
塑料	聚乙烯	−68(−120)
	聚丙烯	−10
	聚氯乙烯	78
	聚苯乙烯	100
	有机玻璃	105
	聚碳酸酯	150
纤维	尼龙−66	50
	涤纶	69
橡胶	聚异戊二烯	−73
	顺−1,4−聚丁二烯	−108

玻璃化温度是一个决定材料使用范围的重要参数。平时我们用塑料做成各种用品,希望它有固定的形状和很好的强度,而不希望它像橡胶那样容易变形,所以塑料的使用温度在它的玻璃化温度以下,塑料的 T_g 温度要高于室温。塑料制品要远离热源就是这个道理。

橡胶是在高弹态情况下使用的。橡胶的最大用途是制备轮胎。由于汽车要在室外使用,因此,橡胶的 T_g 温度比室温低,且越低越好,这样即使在严寒的北方,汽车轮胎仍有很好的弹性,不会发生脆裂。

"表 2.1"列出了部分高聚物的玻璃化温度。可以发现,不同种类高分子的玻璃化温度是不同的。这就是为什么有的材料可以做塑料而不能做橡胶的原因所在。影响 T_g 的原因有很多,主要是高分子化学结构的影响。一般来说,分子链越是柔顺,T_g 就越低;分子间的相互作用越强,T_g 就越高。

需要指出的是,聚乙烯由于分子链规整,很容易结晶,因而在常温下并不表现为高弹态。

2.2.2 流动温度和粘流态

前已述及,温度升高,热运动的能量使高分子"冻结"的链段运动,于是高分子发生了从玻璃态到橡胶态的转变。如果温度继续提高,由于链段的剧烈运动而使整个分子链的质心发生相对位移,于是产生流动,形变迅速增加。由于高分子熔体的黏度非常大,所以,我们称它为"粘流态"。橡胶态向粘流态转变的温度称做"流动温度",用 T_f 来表示。

T_f 是整个高分子链开始运动的温度。虽然在粘流态高分子链的运动是通过链段相继跃迁来实现的,但毕竟分子链重心发生了位移,因而 T_f 受到分子量影响很大,分子量越大,分子的位移运动越不容易,T_f 越高。由于分子量分布的多分散性,所以聚合物常常没有明确的 T_f 值,而是一个较宽的温度区域。对于大多数结晶高聚物来说,聚合物的流动温度是它的熔融温度(或熔点),也是一个很宽的温度范围。

聚合物的流动温度 T_f 大多在 300℃以下,比金属和其他无机材料低得多,这给加工成形带来了很大方便,这也是高分子材料能得以广泛应用的一个重要原因。

热塑性塑料和橡胶的成型以及合成纤维的熔融纺丝都是在聚合物的粘流态下进行的。T_f 是加工的最低温度,实际上,为了提高流动性和减少弹性形变,通常加工温度比 T_f 高,但小于分解温度 Td("表 2.2")。随着链刚性和分子间作用力的增加,T_f 提高。对于聚氯乙烯,流动温度甚至高于分解温度,因而只有加入增塑剂以

降低 T_f，同时加入热稳定剂以提高 Td 后才能加工成型。

表 2.2 几种聚合物的 T_f、Td 和注射成型温度

聚合物	T_f(或 Tm)/℃	注射成型温度/℃	Td/℃
HDPE	100～130	170～200	>300
PVC	165～190	170～190	140
PC	220～230	240～285	300～310
PPO	300	260～300	>350

聚合物熔体的黏度一般都比较大，然而加工时总是希望黏度较低为好，所以常常要解决降低体系黏度的问题。熔体黏度受温度的影响很大，温度越高，黏度越低，熔体黏度还与剪切速率有关。剪切速率的增加，使分子取向程度增加，从而黏度降低。所以高分子可以通过加大剪切速率或升高温度的方法来改进加工性能。由于链的缠绕作用引起了流动单元变大，黏度随分子量急剧增加，呈指数变化关系。因而从加工角度考虑，必须适当降低分子量以改善流动性。例如，天然橡胶就必须经过塑炼，将分子量降至 20 万左右才可用于加工成型。

2.3 高分子材料的力学性质

对大多数高分子材料来说，力学性能是最重要的性能指标。聚合物的力学特性是由其结构特性所决定的。

2.3.1 力学性能的基本指标

(1) 应力与应变。当材料受到外力作用而又不产生惯性移动时，它的几何形状和尺寸会发生变化，这种变化称为"应变"或"形变"。材料宏观变形时，其内部分子及原子间发生相对位移，产生原子间和分子间对抗外力的附加内力，达到平衡时附加内力和外力大小相等，方向相反。应力定义为单位面积上内力。材料受力的方式不同，发生形变的方式也不同。对于各种同性材料，有简单拉伸、简

单剪切和均匀压缩三种基本类型。

(2) 弹性模量。弹性模量简称"模量",是单位应变所需应力的大小,是材料刚性的表征。模量的倒数称为"柔量",是材料容易变形程度的一种表征。相应的三种形变对应的模量分别为拉伸模量(E,也称"杨氏模量")、剪切模量(G)、体积模量(B,本体模量)。

(3) 硬度。硬度是衡量材料抵抗机械压力的一种指标。试验方法不同,则名称各异。硬度的大小与材料的拉伸强度和弹性模量有关,所以,有时用硬度作为拉伸强度和弹性模量的一种近似估计。

(4) 力学强度。

• 拉伸强度。曾称"抗张度",是在规定的温度、湿度、加载速度下,在标准试样上沿轴向施加拉伸力直到试样拉断为止。断裂前试样所承受的最大载荷与试样截面积之比称为"拉伸强度"。如果向试样施加单向压缩载荷,则测得的是压缩强度。

• 变曲强度。也称"挠曲强度"、"抗变强度",是在规定的条件下对标准试样施加静弯曲力矩,直到试样折断为止,然后根据最大载荷和试样尺寸,按照公式计算弯曲强度。

• 冲击强度。曾称"抗冲强度",是衡量材料韧性的一种强度指标。定义为试样受冲击载荷破裂时单位面积所吸收的能量。

2.3.2 高弹性

高弹性是高分子材料极其重要的性能,其中,橡胶是以高弹性作为主要特征。聚合物在高弹态都能表现一定程度的高弹性,但并非都可以作为橡胶材料使用。作为橡胶材料必须具有以下特点:

(1) 弹性模量小,形变大。一般材料的形变量最大为1%左右,而橡胶的高弹形变很大,可以拉伸5~10倍,弹性模量只有一般固体材料的1/10 000。

(2) 弹性模量与绝对温度成正比。一般材料的模量随温度的提高而下降。

(3) 形变时有热效应,伸长时放热,回缩时吸热。

(4) 在一定条件下，高弹形变表现明显的松弛现象。

高弹形变的特点是由高弹形变的本质决定的。

2.3.3 粘弹性

聚合物的粘弹性是指聚合物既有粘性又有弹性的性质，实质上是聚合物的力学松弛现象。在玻璃化转变温度以上，非晶态线性聚合物的粘弹性最为明显。对理想的粘性液体即牛顿液体，其应力—应变行为遵从牛顿定律；对虎克弹体，其应力—应变行为遵从虎克定律。聚合物既有弹性又有粘性，其形变和应力都是时间的函数。

(1) 静态粘弹性。高聚物的粘弹性是指在固定的应力（或应变）下形变（或应力）随时间的延长而发展变化的性质。典型的表现是蠕变和应力松弛。

在一定温度、一定应力作用下，材料的形变随时间的延长而增加的现象称为"蠕变"。对线性聚合物形变可以无限发展且不能完全回复，保留一定的永久变形；对交联聚合物，形变可达一平衡值。

在温度、应力恒定的条件下，材料的内应力随时间延长而逐渐减少的现象称为"应力松弛"。在应力松弛过程中，模量随时间而减少，所以这时的模量称"松弛模量"。

(2) 动态粘弹性。指应力周期性变化下聚合物的力学行为，也称"动态力学性质"。通常聚合物的应力和应变关系呈现出滞后现象，即应变随时间的变化一直跟不上应力随时间的变化现象。

2.3.4 聚合物的力学屈服

在一定条件下，由于拉伸应力的作用，聚合物的应力—应变曲线如"图 2.5"所示发生变化。曲线的起始阶段 OA 基本上是一段直线，应力—应变成正比，试样表现为虎克弹性行为。B 点为屈服点，当应力达到屈服点之后，应力下降或不变，应变有较大的增加。除去应力后，材料不能恢复原样，即材料屈服了。屈服点对应的应力称为"屈服应力"或"屈服强度"。一般来讲,屈服应力是聚合物作为结构材料使用的最大应力。达到屈服点后,聚合物开始出现细颈(也有不出现细颈的)。此后的形变是细颈的逐渐扩大,直到 D 点。然后进入第三阶段,试样再度被均匀拉伸,应力提高,直到在 E 点拉断为止,E 点的应力称为"拉伸强度",相应的形变称为"断裂伸长率"。屈服点之前断裂的材料表现为脆性,屈服点之后断裂的材料表现为韧性。

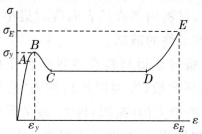

图 2.5　聚合物的应力-应变曲线

非晶态聚合物在 Tg 之下,结晶聚合物在熔点 Tm 之下,一般都有明显的拉伸屈服现象。在拉伸温度下,解除应力后,形变不能回复,将温度提高到拉伸温度以上,即非晶态聚合物的 Tg、晶态聚合物的 Tm 以上,屈服形变可以自动回复。所以说,屈服形变的本质就是一种高弹形变。从分子机理而言,这是大分子链构象改变的结果。对结晶聚合物还包括晶粒的取向、滑移、片晶的破裂、熔化、重结晶等过程。

2.3.5　聚合物的力学强度

将聚合物材料按照结构完全均匀的理想情况计算得到的理论强度要比聚合物的实际强度高出数十倍甚至上百倍。其主要原因是聚合物的实际结构存在着大小不一的缺陷,从而引起应力的局部集中。而弹性模量实际值与理论值比较接近。

聚合物的抗张强度与聚合物本身的结构、取向、结晶度、填料等有关,同时还与载荷速率和温度等外界条件有关。冲击强度在很大程度上取决于试样缺口的特性,此外加工条件、分子量、添加剂等对冲击强度也有影响。

2.3.6 疲劳强度

疲劳是材料或构件在周期性应力作用下断裂或失效的现象,是材料在实际使用中常见的破坏形式。在低于屈服应力或断裂应力的周期应力作用下,材料内部或其表面应力集中处引发裂纹并促使裂纹传播,从而导致最终的破坏。

材料的疲劳试验可获得材料在各种条件下的疲劳数据。达到材料破坏的应力循环次数(即周期数),称为"疲劳寿命",达到材料破坏时的受载应力的极大值(振幅)称为"疲劳强度"。

一般来说,热塑性聚合物的疲劳强度与静态强度的比值约为 $\frac{1}{4}$,增强塑料的这个比值比 $\frac{1}{4}$ 稍高一些,只有一些特殊聚合物如聚甲醛、聚四氟乙烯,这个比值可以达到 0.4~0.5。

2.4 高分子材料的电学性质

一提起高聚物的电学性质,人们马上想到高聚物是一种优良的电绝缘材料,被广泛用作电线包层。这的确是高聚物优良电学性质的一个重要方面。在各种电工材料中,高聚物材料具有很好的体积电阻率、很高的耐高频性、高的击穿强度,是理想的电绝缘材料。在电场作用下,高聚物表现出对静电能的储存和损耗的性质,称为"介电性",通常用介电常数和介电损耗来表示。在通常情况下,只有极性聚合物才有明显的介电损耗,而非极性聚合物介电损耗的原因是由于极性杂质的存在。

表 2.3 常见聚合物的介电常数

聚 合 物	ε
聚四氟乙烯	2.0
聚丙烯	2.2
聚乙烯	2.3～2.4
聚苯乙烯	2.5～3.1
聚碳酸酯	3.0～3.1
聚对苯二甲酸乙二醇酯	3.0～4.4
聚氯乙烯	3.2～3.6
聚甲基丙烯酸甲酯	3.3～3.9
尼龙	3.8～4.0
酚醛树脂	5.0～6.5

"表2.3"列出了常见聚合物的介电常数。有的高聚物具有大的介电常数和很小的介电损耗,从而可以用作薄膜电容器的电介质;而有的高聚物可以利用其较大的介电损耗进行高频焊接。

其他具有特殊电功能的高聚物有高聚物驻极体、压电体、热电体、光导体、半导体、导体、超导体等。

此外,由于聚合物的高电阻率使得它有可能积累大量的静电荷,比如聚丙烯腈纤维因摩擦可产生高达1 500V的静电压。静电产生的吸引或排斥力,会妨碍正常的加工工艺。静电吸附灰尘或水也影响材料的质量。一般聚合物可以通过体积传导、表面传导等来消除静电。目前工业上广泛采用添加抗静电剂来提高聚合物的表面导电性。

关于静电产生的机理至今还没有定量的理论,一般认为是聚合物摩擦时,ε大的带正电,ε小的带负电;也就是极性高聚物易带正电,非极性高聚物易带负电。

(+) 尼龙66 羊毛 蚕丝 皮肤 纤维素 聚甲基丙烯酸甲酯 聚乙烯醇缩醛 涤纶 聚丙烯腈 聚氯乙烯 聚碳酸酯 聚丙烯 聚四氟乙烯 (−)

物质在上述序列中的差距越大,摩擦产生的电量越多。

2.5 高分子材料的其他性质

2.5.1 光性质

(1) 折射。聚合物的折光指数是由其分子的电子结构因辐射的光电场作用发生形变的程度所决定,聚合物的折光指数一般都在1.5左右。无应力的非晶态聚合物在光学上也是各向同性的,因此只有一个折光指数。结晶的和各向异性的材料,折光指数沿不同的主轴方向有不同的数值,该材料被称为"双折射"。

(2) 透明性。大多数聚合物不吸收可见光谱范围内的辐射,当其不含结晶、杂质时都是透明的,如有机玻璃(PMMA)、聚苯乙烯等。但是由于材料内部结构的不均匀性而造成光的散射,加上光的反射和吸收使透明度降低。

2.5.2 溶解性

低分子溶解很快,但高分子溶解很缓慢,通常要过夜,甚至数天才能观察到溶解。高分子溶解在溶剂中形成溶液的过程,实质上是溶剂分子进入高分子、拆散分子间作用力的过程。高分子溶解分两步进行:第一步是溶胀,由于高分子难以摆脱分子间相互作用而在溶剂中扩散,所以第一步总是体积较小的溶剂分子先扩散入高分子中,使之胀大。第二步是溶解,如果是线形高分子,由溶胀会逐渐变为溶解;如果是交联高分子,只能达到溶胀平衡而不溶解。"图2.6"是高分子与小分子溶解过程的示意图。一般来说,高分子有较好的抗化学性,即抗酸、抗碱和抗有机溶剂的侵蚀。

高分子的溶解性受化学结构、分子量、结晶性、支化或交联结构等的影响。总的来说有如下关系:分子量越高,溶解越难;结晶度越高,溶解越难;支化或交联程度越高,溶解越难。

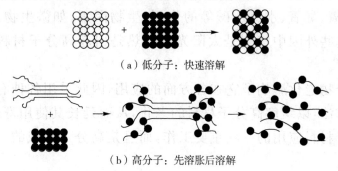

(a) 低分子:快速溶解

(b) 高分子:先溶胀后溶解

图 2.6　高分子与低分子溶解过程比较示意图

2.5.3　渗透性

液体分子或气体分子可从聚合物膜的一侧扩散到其浓度较低的另一侧,这种现象称为"渗透"或"渗析"。由于高分子材料的渗透性,使高分子材料在薄膜包装、提纯、医学、海水淡化等方面获得了广泛的应用。一般来讲,链的柔顺性增大,渗透性提高;结晶度越大,渗透性越小;当大分子链上引入极性基团时渗透性下降。

2.6　高分子材料的老化与防老化

高分子材料在加工、储存和使用过程中,由于受内外因素的综合影响,会发生老化。老化现象有如下几种:

外观变化:材料发粘、变硬、脆裂、变形、变色、出现银纹或斑点等。

物理性质变化:溶解、溶胀和流变性能的变化。

机械性能的变化:拉伸强度、弯曲强度、硬度、弹性等的变化。

电性能的变化:介电常数、介电损耗等变化。

老化是内外因素综合作用的极为复杂的过程。引起高分子材料老化的内在因素有:高分子本身的化学结构、凝聚态结构等。外在因素有:物理因素,包括热、光、高能辐射和机械应力等;化学因素,包括氧、臭氧、水、酸、碱等的作用;生物因素,如微生物、昆虫的作用。这些外因中特别是太阳光、氧、热是引起高分子材料老化的重要因素。

聚合物老化影响了它在各方面的应用,因此采用各种有效的防老化的方法,以缓解高分子材料的老化,从而延长其使用寿命,不仅是高分子材料应用的一项重要工作,而且是高分子领域的一个发展方向。

防老化是相当复杂的,对每一材料,应根据其具体情况"对症下药",才能收到防老化的效果。目前防老化的途径可概括如下:

(1) 改进聚合与加工工艺,减少老化弱点。

(2) 对聚合物进行改性,引进耐老化结构。

(3) 物理防护。采用涂漆、镀金属、防老剂溶液的浸涂等物理方法,使高分子材料表面附上保护层,能起到隔绝老化外因的作用。

(4) 添加防老剂。

有抗氧剂、光稳定剂、热稳定剂等几种。不同聚合物的老化机理不同,采用的防老剂也不同。

第 3 章　塑料

3.1　塑料的分类与特点

字面上理解,塑料是指所有可以塑造的材料。但我们所说的塑料是指一类在常温下有固定的形状和强度,在高温下具有可塑性,用人工合成方法合成的高分子物质,又称"合成树脂"。

人类历史上第一种完全由人工合成的塑料是在 1909 年由美国化学家贝克兰(Leo Backland)用苯酚和甲醛制造的酚醛树脂,又称"贝克兰塑料"。

由于石油化学工业的发展,为塑料生产开辟了广阔的原料来源,以及塑料具有成本低、加工快、性能好等特点,塑料的品种越来越多,产量也越来越大。虽然问世不过百余年,但发展速度却十分惊人。2000 年,世界上塑料的年总产量达到 1.63 亿吨。

按用途,塑料可以分为通用塑料、工程塑料和特种塑料。必须指出,这种划分并无严格的界线,不能截然分开。聚乙烯、聚丙烯、聚苯乙烯、聚氯乙烯、聚甲基丙烯酸甲酯等品种,因为产量大、用途广、价格低,被称为"通用塑料",主要用于日常生活用品、包装材料和一般零件;ABS、聚酰胺、聚甲醛、聚碳酸酯、聚苯醚等品种,由于具有良好的力学性能和尺寸稳定性,能代替金属作结构材料,用以制造机械零部件,而被称为"工程塑料";像聚四氟乙烯这样具有特殊性能的,被称为"特种塑料"。

按受热时的表现,塑料又可分为热塑性塑料和热固性塑料两大类,这对于加工成型很重要。热塑性塑料为线性高分子,受热能软化或熔化,具有可塑性,可制成一定形状,冷却后变硬。该过程可反复进行,一般来说,热塑性塑料柔性大、脆性低,但刚性、耐热性和尺寸稳定性较差。热固性塑料制品主要成分是体型结构的聚合物，所以刚性较高，耐热、不易变型；由于其力学强度一般都大，因而多数要加填料来增强。这类塑料的共同特点，就是所用原料均为分子量低（数百至数千）的线型或支链型预聚体，其分子内存在反应性基团，在成型过程中通过自身或与固化剂反应由线型转变为体型结构，此后若再加热，塑料也不会软化，如温度过高，将导致分解。

3.2 通用塑料

3.2.1 聚乙烯

聚乙烯(PE)是以乙烯为原料经催化剂催化聚合而得到的一种热塑性化合物。作为塑料使用的聚乙烯分量是要达到1万个以上。聚乙烯是世界塑料品种中产量最大、应用面最广的一种塑料，约占世界塑料总量的1/3，它也是结构最简单的一种塑料。

聚乙烯比水轻、无毒，为白色蜡状半透明材料，具有优良的电绝缘性、良好的耐化学性（在60℃以下，能耐各种浓度的盐和碱溶液，室温下的一些化学物质对它不起作用），具有优异的力学性质，具有较高的强度和良好的柔性和弹性。聚乙烯容易光氧化、热氧化、臭氧分解。

聚乙烯的主要品种有：

（1）低密度聚乙烯(LDPE)。

LDPE也称为"高压聚乙烯"，聚合方法是以乙烯为原料，在100~350MPa的高压下和在160℃~270℃较高温度下，以氧气或有机氧化物为引发剂进行自由基聚合。聚合中容易发生链转移，形成的产品中存在大量支链结构，分子结构也缺乏规整性，因此结晶度小，导致它的耐热性和耐溶剂性、硬度较差。但电绝缘性优良，柔软性好，耐冲击性能和透明性也比较好，具有良好的透气性。

LDPE 主要做成薄膜用于食品包装、商业和工业用包装、购物袋、垃圾袋等，特别是作为农用薄膜，如生产棚膜、地膜等，也可以制作家用器皿、玩具、医用品等。

(2) 高密度聚乙烯（HDPE）。

HDPE 也称"低压聚乙烯"。聚合方法是以乙烯为原料，用 Ziegler-Natta 催化剂，在 60℃~70℃下进行阴离子配位聚合。产物分子量比较高，支链短而且少，因此密度较高，拉伸强度、拉伸模量、弯曲模量、硬度等性能都优于 LDPE，但冲击强度比 LDPE 差。它的耐热性比较高，最高使用温度为 100℃，最低使用温度可至 -70℃。透气性为 LDPE 的 1/5。

HDPE 可制成吹塑制品，用于日用容器、医用药瓶、汽车油箱、化学品储罐等，饮料和食品的周转箱、机械零件等注塑制品，食品和工农业产品的包装、农用地膜、购物袋等，城市排水管、农用灌溉管等管材，渔网、民用纱窗网等丝类。

(3) 线型低密度聚乙烯（LLDPE）。

LLDPE 是乙烯与少量的 α-烯烃共聚，形成在线性乙烯主链上带有非常短小的共聚单体支链的分子结构。LLDPE 的分子链具有短支链的结构，其分子结构介于 LDPE 与 HDPE 之间，因此密度、结晶度也介于二者之间，更接近于 HDPE；它的刚性好、韧性好，因此它的撕裂强度、拉伸强度、耐穿刺性和耐环境应力开裂性比 LDPE 要好，但它的吹塑薄膜透明性差；LLDPE 的分子量分布比 LDPE 窄，平均分子量较大，因此它的熔体黏度比 LDPE 大，加工性差。

LLDPE 约 70% 用于薄膜的生产，主要是食品包装、农用膜、垃圾袋等；还用于制备各类容器、大型的农用储槽、化学品储槽、各种管材等。

(4) 超高分子量聚乙烯（UHMWPE）。

UHMWPE 的分子结构和 HDPE 比较相似，呈线性结构。常规的 HDPE 分子量在 5 万至 30 万，而 UHMWPE 的分子量在 100 万以上。由于分子量大，使它具有独特的性能，如极佳的耐磨性、颇高的冲击强度、良好的自润滑性、优异的耐低温性和化学稳定性,是一种价格低廉、可以和工程塑料相媲美的塑料。

UHMWPE 可用于农业机械、汽车、化工、食品工业等行业,可做耐磨、自润滑部件,如导轨、泵、密封圈、轴承等。

(5) 交联聚乙烯。

交联聚乙烯是通过化学或辐射的方法使聚乙烯分子链间相互交联而形成的网状结构的热固性塑料。无论是低密度聚乙烯还是高密度聚乙烯都能进行交联,交联后的聚乙烯的拉伸强度、冲击强度、抗蠕变性、刚性等皆优于 HDPE,弹性模量比 HDPE 高 5 倍;低温柔韧性好,软化点达到 200℃,可在 140℃ 长期使用;有突出的耐磨性,耐应力开裂性、电绝缘性、化学稳定性比普通聚乙烯更优异。

交联聚乙烯主要用于电线电缆的包覆层及绝缘护套,各种耐热、耐腐蚀介质管材和容器,火箭、导弹、机电产品及高压、高频绝缘材料等。

3.2.2 聚丙烯

聚丙烯(PP)是丙烯在催化剂作用下通过阴离子配位聚合而制得的。聚丙烯有等规聚丙烯(IPP)、无规聚丙烯(APP)和间规聚丙烯(SPP)三种。工业上,95% 以上是等规聚丙烯,无规聚丙烯是等规聚丙烯的副产物,间规聚丙烯是采用特殊的催化剂在低温下合成的。

虽然聚丙烯分子链上挂有侧基,影响了分子排列的整齐性,但是在聚合过程中,如果分子排列整齐,仍可构成结晶区。等规立构就赋予了聚丙烯高结晶度及良好的性能;无规立构聚丙烯类似于未硫化的橡胶,熔点及硬度、刚性都比较低,无使用价值;间规立构聚丙烯处于二者之间。

聚丙烯具有优良的性能:

(1) 质轻,是所有合成树脂中密度最小的一种,相对密度仅 0.90~0.91,若未加填料应浮在水面上。

(2)在高温下的流动性好,加入添加剂后,制品的收缩率减少。可用来制造各种大型和在高温下变形小的制品。

(3)薄膜在单向拉伸后的强度很高,伸长率变小,可将其切成窄带或细丝用作织物和绳索材料。

(4)具有良好的化学稳定性和耐热性,对溶剂及大多数化学药品都比较稳定。聚丙烯可耐沸水,在没有外部压力的条件下,制品加热到150℃也不变形。

(5)有较高的强度和抗挠曲性,拉伸强度、屈服强度和刚性都比 HDPE 高,有高的耐磨性、较好的应力开裂性和低蠕变性。

(6)具有良好的电绝缘性。不吸水,不受周围环境湿度的影响,且有优良的高频特性。特别适合作为电器电缆绝缘层和电器外壳。

主要缺点:

由于结构上叔碳原子上氢的存在,聚丙烯在再加工和使用中容易受到光、热、氧的作用而发生降解和老化,因此必须添加稳定剂。

聚丙烯的耐冲击强度性能不好,可通过与乙烯的共聚改性来提高它在常温和低温下的强度。

聚丙烯应用广泛:

(1)可制成餐具、厨房用具、盆、桶、玩具等日用品。

(2)可制成汽车上的很多部件,如方向盘、仪表盘、保险杠等。

(3)可制成电视机、收录机外壳、洗衣机内桶等家用电器零件。

(4)可制成包装用扁丝带、编织袋,各种薄膜用于重包装袋(如粮食、化肥等)、透明的玻璃纸等。

(5)可制成食品的周转箱、化工容器和管道。

(6)可制成一次性注射器、手术用服装等医疗卫生用品。

3.2.3 聚氯乙烯

聚氯乙烯(PVC)是 20 世纪二三十年代工业化的产品,是塑料中产量较大的品种之一。聚氯乙烯的单体是氯乙烯,是以石灰石或石油为原料制成的。氯乙烯通过自由基聚合,用悬浮法、乳液法或本体法可制成白色粉状或糊状的 PVC 树脂。

聚氯乙烯是全能的塑料。因为 PVC 本身是一种质地很硬的塑料,但是通过加入大量的增塑剂,调节配方,可以生产出比 PE 还柔软的塑料,即软 PVC。增塑剂是一种高沸点的溶剂,它们能使塑料的玻璃化温度降低,使分子链变得柔软,在常温下有一定的弹性。常用的增塑剂有邻苯二甲酸二辛酯、磷酸三甲酯等,其用量可达 PVC 树脂的 30%~70%。

作为硬塑料,PVC 可以用于制造在常温下使用的不耐压的容器、管材或板材,如化工厂的输液管道、管配件、储槽和输液泵的泵体材料。

PVC 的板材在建筑上有很多的应用。在 PVC 中混入大量的碳酸钙做成钙塑料,可以提高塑料的硬度,降低成本,用于代替钢铁或木材,制作塑料门窗、楼梯扶手、地板、天花板和电线套管等。将 PVC 轻度发泡,可以制成塑料地毯和塑料墙纸等。

PVC 树脂非常透明,气密性又好,适于制作包装瓶,用于饮料、药品和化妆品的外包装。PVC 薄片是玩具和小商品的重要外包装材料。

PVC 软塑料主要用于制作薄膜或日用品。PVC 薄膜的透光性、染色性、保温性、耐撕裂性和耐穿刺性都比 PE 薄膜好,因此,不仅大量用于日用塑料薄膜制品的制备,如雨衣、桌布、窗帘、浴帘等,而且是制备农用薄膜的重要原料。

PVC 的染色性非常好,制得的产品鲜艳、美观,深受人们的喜爱,常用来制造玩具、凉鞋和人造革等。

PVC 具有优良的电绝缘性能,是制备电线、电缆的绝缘层和保护套管的原料。

PVC 的单体氯乙烯是一种对人体有害的物质。由于一般的聚氯乙烯制品中氯乙烯的含量超过卫生指标,加上一般软塑料中加入的增塑剂对人体也都有害,因此,这种 PVC 不能用于食品和药物的包装。近年来由于聚合工艺的改进,已经研制出卫生级的聚氯乙烯。这种原料中氯乙烯单体的残留量小于 1mg·kg^{-1}（即 1ppm），所用的增塑剂也是无毒的,因此,可以用于食品的包装,并代替易碎的玻璃瓶制备医用输液袋或储血袋。

PVC 塑料也有其不足之处,主要是耐温性差,通常的使用温度为 -15℃~60℃。在 60℃ 以上就会变形。另外,在光和热的作用下,PVC 很容易老化,使制品颜色变深,质地变脆。

然而,PVC 塑料最致命的缺点是在高温或燃烧时会分解,放出能使人窒息的氯化氢气体,不仅污染环境,甚至造成对生命的威胁。因此 PVC 的使用,特别是在建材中的应用已经受到限制。因为在火灾发生时,许多在火灾现场的居民,常常不是被大火烧死,而是被 PVC 分解时产生的氯化氢气体所窒息。新的消防条例规定,非阻燃型的 PVC 不得在建筑中使用。除了建材以外,PVC 在其他方面的应用也正在逐步受到限制,原因也是因为 PVC 回收时存在类似问题。

3.2.4 聚苯乙烯

聚苯乙烯是世界上比较早实现工业化的塑料之一。单体苯乙烯是从煤和石油裂解中得到的。

聚苯乙烯塑料是一种无色透明的塑料,透明度高达 88%~92%,可用于制备仪器仪表外壳、灯罩、光导纤维等。

聚苯乙烯极易染成鲜艳的颜色,富于装饰性,常用来制备玩具。

聚苯乙烯塑料有良好的绝缘性,可制备电容器、高频线圈骨架等电子元器件。

发泡聚苯乙烯树脂是性能优良的隔热和防震材料,常用作商品包装和新型建筑保温材料。如发泡 PS 夹心的金属墙板,不仅质轻、美观,而且保暖性好。在宾馆和住房中已经大量应用。

聚苯乙烯的不足之处是质脆、耐冲击强度差。早期用单一的 PS 塑料作原料制成的圆珠笔杆一不小心掉在地上就会开裂,使其在使用上受到很大的限制。通过同其他单体共聚可以大大改善它的强度。用 PS 同丙烯酸酯或丙烯腈类单体共聚制成的聚合物既有很好的透明度,又有较好的强度,做成的圆珠笔杆既美观,又结实,深受人们的喜爱。

将苯乙烯同丁二烯共混或共聚,能得到一种冲击强度十分优良的塑料,称之为"高抗冲聚苯乙烯"(HIPS)。由于聚丁二烯是一种橡胶类的分子,十分柔软,它们在聚合物中能以很小的粒子分散在 PS 中,当 PS 受到外力作用时,能量会很快被聚丁二烯形成的橡胶小球吸收而化解,从而提高了材料的韧性。HIPS 已在家用电器中得到大量应用。

3.2.5 ABS 树脂(丙烯腈—丁二烯—苯乙烯共聚树脂)

ABS 树脂是美国博格—华纳公司于 1954 年开发的,它的名称是来自丙烯腈(Acrylonirtile)、丁二烯(Butadiene)和苯乙烯(Styrene)三种单体的第一个字母。也是一种以苯乙烯树脂为基料,通过三种单体共聚或共混制备而成的高强度树脂。

接枝共聚法可分为乳液接枝和悬浮接枝两种方法。前者先将丁二烯与苯乙烯聚合制成丁苯乳胶,再加入丙烯腈和苯乙烯进行接枝反应,得到 ABS 树脂;后者是将聚丁二烯溶解在苯乙烯和丙烯腈单体中,然后用悬浮聚合的方法在水相中进行接枝。

共混法需先将丙烯腈和苯乙烯用乳液聚合的方法制成 AS 树脂,然后把 AS 树脂同丁腈橡胶进行机械混炼,也能得到 ABS 树脂。

ABS 树脂综合了三种组分的优点:丙烯腈使它具有耐化学腐蚀性,丁二烯使它具有耐冲击性和韧性,苯乙烯使它有良好的加工性、染色性和刚性。因此,ABS 树脂的综合性能非常优异,不仅抗冲击性好,硬度高,而且绝缘性和化学稳定性都好,这使 ABS 树脂在家电和汽车工业中得到了广泛的应用,如电视机、洗衣机、电话等家用电器及仪器仪表的外壳,冰箱及其他冷冻设备的内胆,汽车仪表板及其他车用零件。ABS 树脂表面很容易电镀,电镀后的外观有金属光泽,提高了表面性能和装饰性。

但 ABS 树脂的耐热性不够高,长期使用温度为 60℃~70℃;耐气候性也较差,长期户外使用容易变色。

3.2.6 聚甲基丙烯酸甲酯

聚甲基丙烯酸甲酯(PMMA)是1936年问世的塑料产品,以光学性质优异著称,因此被称为"有机玻璃"。这种塑料的透明度可与光学玻璃媲美。它对可见光的透过率高达92%,对紫外光的透过率也高达75%,而玻璃仅能透过85%的可见光和不到10%的紫外光。有机玻璃常用于制备各种透明的装饰面板、仪表板、透明容器和包装盒等。有机玻璃的高透明性在"信息高速公路"发展的今天,被大量用于制备通讯光缆和光记录器,如光盘等。

有机玻璃的相对密度很小,强度却很高,它的相对密度只是普通玻璃的1/2,而冲击强度却高出7~18倍。如果将有机玻璃放在Tg温度以上,经过双向拉伸的处理,它的冲击强度还会进一步提高。用钉子穿透时不会产生裂纹,被子弹击穿不会破碎,因而可做成航空玻璃和防弹玻璃。

有机玻璃还有很好的染色性,如在其中加入珍珠粉或荧光粉,就能制成色泽鲜艳的珠光和荧光塑料。

有机玻璃的最大不足是表面硬度差,容易划伤起毛,但可用表面接枝、交联共聚或喷涂等方法来改善其表面的硬度。

3.2.7 酚醛塑料

以苯酚和甲醛为原料缩聚而得的树脂称为"酚醛树脂"(PF)。这是最早实现工业化生产的树脂。1907年,美国Backland公司首先生产。作为一种绝缘材料,俗称"电木"。

根据催化剂的种类、原料的比例不同,可以生成热塑性树脂和热固性树脂:以酸做催化剂,并使苯酚过量,生成的是热塑性酚醛树脂;以碱做催化剂,或甲醛过量,生成的是热固性酚醛树脂。热固性酚醛树脂根据缩聚进程的不同可以分为甲(线性结构)、乙(部分线性结构)、丙(体型结构)三个阶段。

酚醛塑料是以酚醛树脂为基本成分,加入填料、润滑剂、着色剂及固化剂等制成的塑料。填料用量可达到50%以上。热固性酚醛树脂由于含有—CH_2OH基团,受热就可以使分子链交联成为网状结构;而热塑性酚醛树脂必须加入固化剂才能固化。

酚醛塑料制品可以分为:

(1) 酚醛模压塑料。

热固性酚醛树脂磨碎后与填料混合均匀,然后用模压方法成型,可得到酚醛模压塑料。根据填料的种类,可分为粉状压塑料和碎屑压塑料。粉状压塑料也称"压塑料",是酚醛塑料中比较重要的品种,它主要的填料为木粉,其次是云母粉;碎屑压塑料的填料主要是小布块、小纸块、小木块等碎屑料。

酚醛模压塑料具有较高的力学性能和突出的耐磨性、耐热性,可以制作优良摩擦片或制动零件、刹车片,耐高温摩擦制品,软、硬板材、管材、化工设备衬里、阀件等。

(2) 酚醛层压塑料。

各种片状填料如石棉、玻璃布、木材片、石棉布、纸等,浸透于甲阶段(线性)热固性酚醛树脂,然后干燥、切割、叠配后,放入层压机内热压成层压板,也可模压成管、棒或其他制品。

酚醛层压塑料的主要特点是价格便宜、尺寸稳定性好、耐热性优良,可做绝缘垫板、齿轮和盖板等。

(3) 酚醛泡沫塑料。

热塑性或甲阶段热固性酚醛树脂,加入发泡剂、固化剂等,起泡后即得到酚醛泡沫塑料。酚醛泡沫塑料主要用作飞机、船舶和建材中的隔热材料。

3.2.8 氨基塑料

氨基塑料是以一种具有氨基官能团的原料(脲、三聚氰胺、苯胺)与醛类(主要为甲醛)经缩聚反应而制得的塑料。氨基塑料主要的两个品种是脲醛树脂(UF)和密胺树脂(MF)。

脲醛树脂(UF)是脲和甲醛在稀溶液中于酸和碱催化下缩合而成的线型树脂,在固化剂的存在下并于100℃左右交联固化成体型结构。密胺树脂(MF)是三聚氰胺与甲醛的缩聚物,初聚物为线型或分支结构,经固化后成体型结构。

同酚醛塑料类似,氨基树脂加填料、固化剂、着色剂、润滑剂等可制得层压塑料或模塑料,经成型、固化就得到氨基塑料制品。

氨基塑料具有良好的力学性质和电绝缘性,适合制造电气开关、插座、照明器具。另外氨基塑料是无色的,特别是密胺(MF)塑料无毒、无味,用沸水蒸煮不变形,是制作塑料餐具和桌面装饰层压塑料板的主要原料。

3.3 工程塑料

3.3.1 尼龙(聚酰胺)

聚酰胺是最实用的、产量最大的工程塑料,它的性能良好,尤其是经过玻璃纤维增强后,强度更佳,应用更广。

聚酰胺,又叫"尼龙",是由二元酸同二元胺通过缩聚反应聚合而成。主要品种有尼龙-66,尼龙-610,尼龙-1010等,尼龙后面的数字中前一个数字表示二元胺中的碳原子数,后一个数字表示二元酸中的碳原子数。例如尼龙610二元胺中碳原子数为6,二元酸中碳原子数为10。因此,其结构单元化学组成为癸二酸已二胺。分子中碳原子数越多,聚合物的性质越柔软。所以,我们用尼龙-66丝做板刷,用尼龙-1010的丝做牙刷,这样就不会损伤牙龈了。

在我国,尼龙-6和尼龙-66主要用作合成纤维,使用温度在100℃以下。

尼龙塑料有很好的耐磨性、韧性和抗冲击强度。主要用作具有自润滑作用的齿轮和轴承。

尼龙的耐油性好,阻透性优良,无嗅、无毒,是性能优良的包装材料。可长期存装油类产品,制作油管。将尼龙掺混在聚乙烯塑料中可以制成价格低廉的农药包装瓶。但尼龙在强酸或强碱条件下不稳定,应避免同浓硫酸、苯酚等试剂接触。

尼龙的吸湿性高,吸湿后的强度虽比干强度大,但变形性也大。

如果用芳香族的二元酸同芳香族的二元胺反应,得到的芳香尼龙是一类耐高温性能十分优异的塑料。含芳香基因的尼龙纺丝得到的纤维称为芳纶,其强度可同碳纤维媲美,是重要的增强材料,在航天工业中被大量使用。

3.3.2 聚碳酸酯

聚碳酸酯(PC)是20世纪50年代末期发展起来的一种热塑性工程塑料,是由双酚A与光气反应通过界面缩聚制备而成。

PC具有硬而韧性质,其抗冲击强度是工程塑料中最高的。PC成型收缩率小(0.5%~0.7%),尺寸稳定性高,因而适于制备精密仪器中的齿轮、照相机零件、医疗器械的零部件。PC还具有良好的电绝缘性,是制备电容器的优良材料。

PC的耐温性好,可反复消毒,近年来被大量用于制备婴儿奶瓶、饮水杯(又称"太空杯")和净水桶(用于盛装"太空水")等中空容器。

PC的透光性好,强度和表面耐磨性均优于PMMA,可用于制备飞机挡风板、透明仪表板,也是制备CD光盘的原料。

但PC树脂的耐应力开裂性和耐溶剂性较差,我们在使用时应该注意。

3.3.3 热塑性聚酯(PET)

聚脂(PET),俗称"涤纶"或"的确良",是由对苯二甲酸同乙二醇缩聚制成的,1948年由美国杜邦公司最先工业化生产,主要用于生产合成纤维。

最初制成的聚酯塑料的性能并不好,耐热性差,且容易变形,加上 PET 的结晶速度很慢,成型周期非常长,因此不能大规模生产。1978 年,美国杜邦公司通过在树脂中添加结晶成核剂的方法使 PET 树脂能在低温下快速结晶,得到性能优异的工程塑料。例如,将 PET 树脂用 30%～40% 的玻璃纤维增强后,可得到耐温超过 200℃ 的超韧塑料。

目前,PET 的最大用途是制造纤维、薄膜和包装材料。由于 PET 薄膜的拉伸强度好、模量高,是计算机软盘、录音或录像磁带片基的重要原料。PET 中空容器已大量用于碳酸气饮料和食用油的包装。

PET 树脂具有优良的介电性能,常用于制作电容器、印刷电路等。

聚酯家庭中的另一个成员 PBT 是由对苯二甲酸同丁二醇反应得到的产物。其机械性能同 PET 相似,但结晶速度比 PET 快,加工时无须加成核剂,但价格较 PET 高。

如果将一个芳香族的二元醇(如双酚 A)同对苯二甲酸缩聚,就能得到具有全芳香结构的聚酯,称为"聚芳酯"。其主链上有大量的苯环,是一类耐高温的聚合物,是制备高强度纤维的原料。

3.3.4 聚甲醛

聚甲醛(POM)是由甲醛或三氯甲醛聚合而成,端基为—OH 基。POM 分为均聚甲醛和共聚甲醛两种。均聚甲醛由醋酐进行端基封锁得到,共聚甲醛是与少量二氧五环共聚得到。

聚甲醛是一种非常坚韧、耐磨的工程塑料,有优异的耐冲击性和抗疲劳性。POM 有高的结晶度和拉伸强度,它的强度可同铜材媲美:一根直径为 3mm 的细丝可以承受 104N 的拉力。

POM 摩擦系数小,有突出的耐磨性和自润滑性,制成的轴承、活塞在使用时无须加油润滑,可以代替价格昂贵的有色金属,制备齿轮、轴承、滑块、阀门、开关、拉链和把手等耐磨器件。

3.3.5 聚砜

聚砜(PSF)是由双酚 A 的钠盐同二氯二苯砜缩聚而成。其在主链中有很多苯环,是一种高强度的耐高温塑料。

聚砜有突出的耐热性、耐氧化性和耐辐照性,可在150℃以上长期使用。聚砜有优良的尺寸稳定性,耐磨性好,介电性能优良。因此,适用于制备汽车、飞机中耐热的零部件,也可用于制备线圈骨架和电位器的部件等。

此外,聚砜的成膜性很好,已被大量用于微孔膜的制备。

3.3.6 聚酰亚胺

聚酰亚胺(PI)是分子链中含有酰亚胺基团的聚合物,主链上具有芳杂环的结构,是最先工业化生产的杂环类高聚物的代表。

聚酰亚胺的刚性和耐温性比聚砜更好,可以在250℃~300℃以上长期使用。耐电弧和电晕性、耐磨性和耐辐射性也很好。能耐大多数溶剂,但易受浓碱和浓酸的侵蚀。

聚酰亚胺是制造电机漆包线绝缘层的重要原料,主要用于宇航和电子工业中。聚酰亚胺还可用于制造特殊条件下的精密零件,如耐高温、高真空自润滑轴承、压缩机活塞环、密封圈等。聚酰亚胺制成泡沫材料,可用于保温防火材料、飞机上的屏蔽材料。

3.4 特种塑料

3.4.1 聚四氟乙烯(PT_fE)

聚四氟乙烯是由四氟乙烯通过自由基聚合制备而成,得到的聚合物是白色不透明的粉末。由于聚四氟乙烯的熔融温度很高,在加热到熔融温度以前就会发生分解,所以,聚四氟乙烯的加工是采用先冷压成型再烧结的方法,制造技术比较复杂。

聚四氟乙烯商品名叫"特氟龙"(Teflon)。它有许多独特的性质:它不仅有非常优良的耐高低温性能,能在 $-200℃ \sim 250℃$ 的温度下长期使用,而且耐化学腐蚀性超过所有塑料,在有机酸、碱和溶剂中都不会溶解。由于它在王水中也不会溶解,被誉为"塑料王"。聚四氟乙烯的上述特性在工业上被用于制备化工设备和管道的耐腐蚀内衬,在民用上被用于制备不粘锅的涂料。

聚四氟乙烯有很低的摩擦系数,是优良的减磨材料。在工业上,可用作转动部件的密封件。有人用四氟乙烯制成垫块,放在笨重家具的四个角上,就可以很轻松地通过滑动将家具移到房间内任意的位置。

聚四氟乙烯的介电常数高,能耐很高的电压,可以用于制造高频微波设备中的绝缘材料。

聚四氟乙烯对生物无毒副作用,不受生物体侵蚀,可用于制造消毒垫等医疗用品。

聚四氟乙烯也有不足之处,除了加工困难、原料资源少、价格高外,它的强度和硬度都较差,易发生蠕变。

3.4.2 有机硅树脂

有机硅是一大类主链含硅的高分子化合物。最简单的硅树脂是聚二甲基硅氧烷。

有机硅的品种繁多,用途广泛,可用作塑料、橡胶、涂料、胶粘剂等。

有机硅树脂的突出优点是高温绝缘性好,它能在 300℃ 的高温下长期使用,可用于制备高级的电气绝缘材料。有机硅树脂无毒,是重要的医用高分子材料。

有机硅树脂的强度较差,通常须用填料或玻璃纤维增强,而制成复合材料,如层压板材等;然后再加工成耐高温的绝缘制品。

3.5 塑料制品的组分与作用

塑料制品除以合成树脂为主要成分外,通常还或多或少含有一些添加剂,如填料、增塑剂、着色剂、润滑剂、发泡剂等。聚乙烯、聚苯乙烯、有机玻璃等仅含少量稳定剂、润滑剂、着色剂等,而酚醛塑料、氨基塑料、软聚氯乙烯塑料等则含有较多添加剂。添加剂的作用是改进塑料制品的物理化学性能。塑料的组分有:

(1) 聚合物。

聚合物是塑料的主要成分,占总重量的 90%~100%。尽管添加剂有时也能大幅度改进塑料的某些性能,但在很大程度上塑料性能的优劣还是取决于聚合物。

(2) 填料和增强材料。

填料可改进塑料的力学性能、热性能、电性能、加工性能等等,同时还可降低塑料的成本。常用的无机填料有碳酸钙、硅藻土、钛白粉、滑石粉、石墨粉、石英粉、云母等;有机填料有木粉、植物纤维、棉布、纸等。如采用金属粉末作填料,可赋予塑料以良好的导电性和导热性。

在塑料中加入一些有强力的纤维性材料,可提高塑料的力学性能,尤其可显著提高抗张强度和挠曲强度。这些以提高塑料力学强度为主要目的的纤维材料称为"增强材料",典型的有玻璃纤维、石棉、麻丝、棉绒、纸筋等;性能突出的有碳纤维、硼纤维、陶瓷纤维和合成纤维等。近年来,加有增强材料的塑料发展很快,已广泛用于工业以及航空、航天等尖端技术领域。

加有增强材料的塑料称为"增强塑料",其中由片状增强材料制得的则称为"层压塑料",包括纸层压板、布层压板、玻璃布层压板和木层压板等。

由玻璃纤维或其织物制得的玻璃纤维增强塑料,因其力学强度很高,接近甚至超过钢材的强度,所以,俗称"玻璃钢"。制造玻璃钢所用的合成树脂主要有不饱和聚酯树脂、环氧树脂、酚醛树脂以及有机硅树脂等,其中以不饱和聚酯树脂最为普遍。

(3) 增塑剂。

增塑剂是一些高沸点液体或低熔点固体状的有机化合物,其作用是减小高分子链间的作用力,以增加塑料的可塑性,降低刚性和脆性,改善加工性能。如聚氯乙烯中加入占树脂量30%～70%的增塑剂就成为软聚氯乙烯塑料。对增塑剂的要求是要树脂的混溶性好、无色、无臭、无毒、挥发性小、对光和热较稳定。常用的增塑剂有苯二甲酸酯类、癸二酸类、磷酸酯类以及氯化石蜡等。

(4) 固化剂。

热固性塑料中往往含有固化剂,其作用是使热塑性预聚体在室温或加热下转变为体型树脂。固化剂可直接参与固化反应,或对固化反应产生催化作用,如六亚甲基四胺可用作酚醛树脂的固化剂、多元胺类或酸酐类可用作环氧树脂的固化剂。

(5) 发泡剂。

加发泡剂可制得具有无数微孔的泡沫塑料。偶氮二异丁腈、偶氮二甲酰胺、碳酸铵等受热分解放出气体,是用得较多的化学发泡剂;烷烃、卤代烷等低沸点物质以及被压缩的空气和氮气,常用作物理发泡剂。此外,还可通过多组分间相互作用而放出气体或强烈机械搅拌而发泡。

(6) 润滑剂。

加润滑剂,能使塑料在成型时不粘模具。常用的润滑剂有硬脂酸及其盐类。

(7) 着色剂。

为使塑料色泽鲜艳,或为了适合使用要求,常在塑料中加入染料。珠光剂和荧光剂亦属此列。

除各种添加剂外,尚有抗静电剂、阻燃剂、增白剂、结晶调节剂、流动性改进剂等等。总之,应按实际使用要求,有选择地加入某些添加剂。

3.6 塑料制品的成型加工方法

3.6.1 挤出成型

挤出成型的主要设备是挤出机。其结构如"图3.1"所示。

将黄豆大小的原料粒子从料斗加入挤出机的料筒中,料筒内有一根不停旋转的螺杆,外部用加热器控制料筒的温度。物料在被螺杆向前推进的过程中,逐渐熔融。由于螺距的设计是越到前面螺距越短,熔融的物料被压缩得很紧密,最后从模口被挤出。改变模口的形状就能得到不同形状的产品。主要有管、棒、板等。挤出机是最通用的塑料加工机械。

挤出成型的方法生产效率高,设备成本低,适合大多数热塑性塑料。

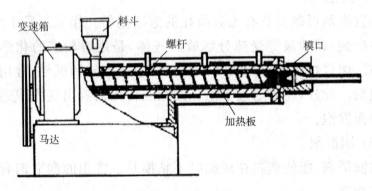

图3.1 塑料挤出机

3.6.2 注塑成型

注塑机好像是一台非常巨大的加热的注射器,注射器的头部也是一根可旋转的螺杆,但离注射孔有一定距离,可以前后移动。生产时，塑料经螺杆熔融，进入挤出器的头部，然后向前运动螺杆，将熔融的塑料在压力下，注入闭合模具中，就可得到各种形状的产品。大到浴缸和汽车外壳，小到纽扣和瓶盖，都可以用这种方法来生产（"图 3.2"）。

注射成型方法成型尺寸精确，自动化程度高。

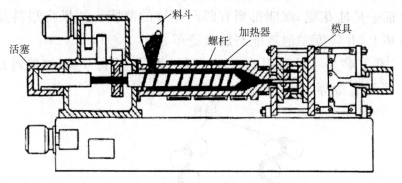

图 3.2　塑料注塑机

3.6.3　压制成型

这种加工方法主要适用于流动性差的树脂或热固性塑料。加工时把一定量的粉状原料加入预先经过加热的模具中，然后将模子加压使塑料粉熔融充满模子。交联反应就在熔融的过程中发生。结束后，将模子从压机中拿出来，冷却脱模，就得到所需的产品（如"图 3.3"）。压制成型自动化程度差、生产效率低、劳动强度大。

图 3.3　塑料压制机

3.6.4 压延成型

主要用于制造薄膜和片状的产品,如人造革、塑料地毯等。加工时熔融的塑料被几个相互平行的热辊压成所需的厚度。如最后一个辊子是轧花辊,就能得到有凹凸花纹的薄膜。如果将塑料复合在布基上,并轻度发泡就能制成人造革。

"图 3.4"是一种常用的四辊压延机的示意图。压辊的排列方式有 L 型和 Z 型等。

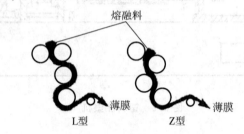

图 3.4　四辊压延机示意图

3.6.5 吹塑成型

吹塑成型包括有吹塑薄膜和吹塑中空容器两种。

吹塑薄膜时,在挤出机的前端装一个向上的吹塑口模,中间通压缩空气。从挤出机挤出的熔融的塑料管坯在空气压力下,吹胀成膜管。国内生产的薄膜最大的宽度可达 5m,膜厚为 0.05mm～0.2mm(如"图 3.5")。

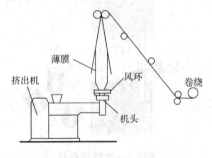

图 3.5　塑料吹膜机

吹塑中空容器时须使用一台专用的吹塑机。制瓶时，先从挤出机中挤一段长度合适的管坯，然后将它置于吹塑机的模具中，中间导入一根空气导管，吹入压缩空气，使管坯吹胀，外壁紧贴模具内壁，冷却脱模，即可得到中空的容器(如"图3.6")。

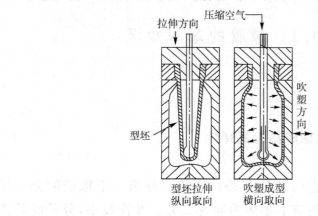

图3.6　吹塑机

第 4 章 橡胶和纤维

4.1 橡胶的基本知识

4.1.1 为什么橡胶具有高弹性

橡胶的弹性和它的结构有关。让我们分析一下橡胶的分子结构。天然橡胶分子的链节单体为异戊二烯。在橡胶中,分子间的作用力很弱,这是因为链节异戊二烯不易与其他链节相互作用。好比两个朋友想握手,但每个人手上都拿着很多东西,因此握手就很困难了。橡胶分子之间的作用力状况决定了橡胶的柔软性。橡胶的分子比较易于转动,也拥有充裕的运动空间。分子的排列呈现出一种不规则的随意的自然卷曲状态。在受到外力作用时,分子被迫显出一定的规则性。当外界强制作用消除时,橡胶分子就又回原来的不规则状态了。由于分子间作用力弱,分子可以自由转动,分子链间缺乏足够的联结力,因此,分子之间会发生相互滑动,弹性也就表现不出来了。这种滑动会因分子间相互缠绕而减弱。可是,分子间的缠绕是不稳定的,随着温度的升高或时间的推移缠绕会逐渐松开,因此有必要使分子链间建立较强固的联接。这就是古德伊尔发明的硫化方法。硫化过程一般在 140℃～150℃ 的温度下进行。硫化的主要作用,简单地说,就是在分子链与分子链之间形成交联,从而使分子链间作用力增强。

由此看来,橡胶分子的柔性和分子间的交联是橡胶具有很好弹性的主要原因。

4.1.2 橡胶的基本性能指标

橡胶的选用要根据使用的条件和具体要求。主要可参考下面的一些性能指标：

(1) 弹性。

橡胶是一种性能优异的弹性体,其伸长率可达1 000%以上。而且橡胶的弹性模量很少,仅为1MPa~10MPa。衡量橡胶弹性的指标很多,如回弹率,是指橡胶拉伸到一定长度后,能否100%地回复到原来的长度的指标。回弹率越高,橡胶的弹性就越好。橡胶的弹性也可以用拉伸的倍数或相对伸长率来表示。

一般来说,橡胶的弹性越好,其缓冲性就越好。做成汽车轮胎的防振性会比较好。但是,由于轮胎在快速运动时,是处在不断的压缩—松弛的过程中,会造成能量损耗而发热,称之为"内耗"。往往弹性好的轮胎内耗大,发热也高,最后导致轮胎爆裂。因此在高速公路上行驶的汽车要选择硬一点的轮胎。

(2) 耐磨性。

耐磨性是橡胶材料的又一重要指标。轮胎、传送带、自动扶梯,以及日常生活中鞋底所用的橡胶都需要有好的耐磨性。橡胶的耐磨性是将橡胶片在15℃加上2.72kg的负荷,用标准硬度砂轮摩擦1km时的摩损量来表示,单位 $cm^3 \cdot km^{-1}$。磨损量越小,橡胶的耐磨性越好。合成橡胶的耐磨性一般都优于天然橡胶。

(3) 橡胶的玻璃化转变温度或脆化温度。

如果橡胶要在低温下使用,如在寒冷的北方,在户外使用的橡胶要选择那些具有较低的玻璃化转变温度的。如果橡胶的玻璃化转变温度高,轮胎在使用时就会脆裂。氯丁橡胶的玻璃化较变温度高,因此,不能作轮胎使用;而丁苯橡胶、顺丁橡胶的玻璃化转变温度很低,通用性就较强,可选择使用。

(4) 其他性质。

主要有拉伸强度、硬度、撕裂强度、绝缘性、耐燃性和耐油性等。

4.1.3 橡胶的分类

橡胶按其来源,可分为天然橡胶和合成橡胶两大类。天然橡胶是从自然界含胶植物中制取的一种高弹性物质;合成橡胶是用人工合成的方法制得的高分子弹性材料。

合成橡胶品种多,按其性能和用途可分为通用合成橡胶和特种合成橡胶。凡性能与天然橡胶相同或相近、广泛用于制造轮胎及其他大量橡胶制品的,称为"通用合成橡胶",如丁苯橡胶、顺丁橡胶、氯丁橡胶、丁基橡胶等;凡具有耐寒、耐热、耐油、耐臭氧等特殊性能,用于制造特定条件下使用的橡胶制品,称为"特种合成橡胶",如丁腈橡胶、硅橡胶、氟橡胶、聚氨酯橡胶等。但是,特种橡胶随着其综合性能的改进、成本的降低,以及推广应用的扩大,也可以作为通用合成橡胶使用,例如乙丙橡胶,丁基橡胶等。

合成橡胶还可按大分子主链的化学组成分为碳链弹性体和杂链弹性体两类,碳链弹性体又可分为二烯类橡胶和烯烃类橡胶等。

橡胶制品的品种也很多,主要有轮胎(包括实心轮胎和充气轮胎)、胶带(包括运输胶带、平行传动胶带和三角带等)、胶管、胶鞋(包括布面胶鞋和胶面胶鞋)和橡胶工业制品(如胶辊、胶布、胶板、油封)等。

4.1.4 橡胶的基本配方

(1) 胶料。

分为生胶和再生胶:生胶包括天然橡胶和合成橡胶;再生胶是废硫化橡胶经化学、热及机械加工处理后所制得,具有一定的可塑性,是可重新硫化的橡胶材料。

(2) 硫化剂。

用以使橡胶硫化,形成交联结构。一般用硫磺作硫化剂。氯丁橡胶用氧化锌,不含双键的饱和胶用有机过氧化物作硫化剂。

（3）硫化促进剂。

用以促进橡胶的硫化作用，降低硫化温度，缩短硫化时间。

（4）防老剂。

橡胶分子中含有较多的不饱和键，容易被臭氧所氧化，并发生热氧化和光氧化作用。防老剂具有抑止和延缓橡胶老化的作用。

（5）增塑剂。

具有使生胶软化、易于加工、减少动力消耗的作用。

（6）填充剂。

能够提高橡胶的强度、降低橡胶的成本。主要为炭黑。

4.2 合成橡胶的主要品种

在第一次世界大战期间，迫于橡胶匮乏，德国人采用了二甲基丁二烯聚合而成甲基橡胶。这种橡胶可以大量生产，而且价格低廉。在第一次世界大战期间，德国大约生产了 2 500 吨甲基橡胶。尽管这种橡胶的耐压性能不理想，战后便被淘汰了，但它毕竟是第一种具有实用价值的合成橡胶。

大约在 1930 年，德国和前苏联用丁二烯作为单体、金属钠作为催化剂，合成了一种叫做丁钠橡胶的橡胶。作为一种合成橡胶，丁钠橡胶对于应付橡胶匮乏而言还算是令人满意的。其与其他单体共聚可以改善丁钠橡胶的性能，如与苯乙烯共聚得到丁苯橡胶，它的性质与天然橡胶极其相似。事实上，在第二次世界大战期间，德国军队就是因为有了丁苯橡胶，才没有出现橡胶供应严重短缺的现象。苏联也用同样的方法向自己的军队提供橡胶。

美国也大力研究合成橡胶。首先合成了氯丁橡胶。氯原子使氯丁橡胶具有天然橡胶所不具备的一些抗腐蚀性能。因此制作导油软管比天然橡胶更为适宜。氯丁橡胶的问世首次清楚地表明，正如在许多其他领域一样，在合成橡胶领域，试管中的产物并不一定只能充当天然物质的代用品，它的性能比天然物质更好。

1955年,美国人利用"齐格勒—纳塔催化剂"聚合异戊二烯,首次用人工方法合成了结构与天然橡胶基本一样的合成天然橡胶。不久用乙烯、丙烯这两种最简单的单体制造的乙丙橡胶也获成功。此外还出现了各种具有特殊性能的橡胶。现在合成橡胶的总产量已经大大超过了天然橡胶。

合成橡胶的主要品种有:

(1) 丁苯橡胶。

丁苯橡胶是1937年由德国首先投入工业生产的,是一种通用的合成橡胶。其产量占世界合成橡胶总量的80%左右,是由丁二烯同苯乙烯共聚而成的。

同天然橡胶相比,丁苯橡胶的优点是耐磨性和气密性好,抗撕裂性和耐老化也都较佳。但是丁苯橡胶的强度和弹性差,硫化速度慢,特别是用作轮胎在行驶过程中内耗大,发热量高。为了提高丁苯橡胶的强度和寿命,常在橡胶中填充炭黑或矿物油。

丁苯橡胶可以通过调节苯乙烯在橡胶中的含量而控制其物理性能。例如,含10%St的丁苯橡胶有很好的耐寒性,可作耐寒橡胶制品;含25%St的丁苯橡胶通用性好,可用于制备汽车轮胎;而St含量为50%的丁苯橡胶,虽然强度好但弹性差,主要用于制备硬质制品,如胶轮、橡胶板等。

(2) 氯丁橡胶。

氯丁橡胶是在1931年至1932年间,由美国杜邦公司开始生产的橡胶产品,是由氯丁二烯通过乳液聚合的方法制成的橡胶。

氯丁橡胶的结构同天然橡胶的结构十分相似,唯一的差别是甲基被氯原子所取代,这导致在同样条件下,氯丁二烯的聚合速度比异戊二烯快700倍,得到的橡胶有优良的综合性能和良好的耐油性、耐光性、耐臭氧性和耐燃性。氯丁橡胶的缺点是耐寒性较差(-40℃),密度较大(1.23)。

氯丁橡胶的主要用途是做运输带、垫圈、防毒面具、电缆线,特别是海底电缆的护套,也可用作耐油胶管,用氯丁橡胶做成的鞋底比丁苯橡胶耐磨。氯丁橡胶还是制备胶粘剂的重要原料,如修补自行车或胶鞋的胶水就是用氯丁橡胶制成的。

（3）丁腈橡胶。

丁腈橡胶是以丁二烯（约75％）为主要单体和丙烯腈共聚而成的。虽然丁腈橡胶的弹性较差，但它的耐油性特别好，仅次于氟橡胶。增加丙烯腈在橡胶中的含量可以提高橡胶的耐油性，但使耐寒性降低。丁腈橡胶主要用于制备各种耐油制品。如印刷机辊筒、油箱的密封垫圈、飞机油箱衬里、胶管和劳保手套等。由于它的耐热性能良好，可以用于制造工作温度在140℃以下的传送带。

（4）乙丙橡胶。

乙丙胶橡是由乙烯与15％左右的丙烯共聚而成。乙丙橡胶的主要特点是原料丰富、价格便宜。制成的产品质轻色浅，绝缘性、耐热性、耐溶剂性和耐老化性能都十分优良，弹性介于天然橡胶和丁苯橡胶之间，是很有发展前途的橡胶新品种。但是，乙丙橡胶中不含有双键，不容易硫化。而且加工性能较差，同帘子线或其他材料的粘接性也差，限制了它在轮胎工业中的应用。解决的办法：一是在乙丙橡胶的分子中引入第三种含有非共轭双键的单体，不过这种单体的价格较高；另一种方法是采用过氧化物来进行硫化。

乙丙橡胶的主要用途是制造工业橡胶制品，也可以作为聚合物改性剂。如在聚丙烯树脂中掺入一定量的乙丙橡胶，就可以大大改善聚丙烯树脂的抗冲击性能，是制备汽车保险杠的重要原料。

（5）顺丁橡胶。

顺丁橡胶即顺1,4－聚丁二烯，是用丁二烯为单体，通过齐格勒－纳塔类催化剂定向聚合制成的。顺丁橡胶的综合性能良好，突出的优点是回弹性高，是碳链高分子中弹性最好的橡胶。顺丁橡胶的低温性能比天然橡胶还好。其玻璃化转变温度 T_g 为－110℃，比天然橡胶低40℃左右，而且耐磨性、耐老化性和耐候性都好。

顺丁橡胶的最大缺点是加工性能较差，抗张强度、抗撕裂强度较差，需要通过同其他橡胶一起混用的办法来弥补。

顺丁橡胶的主要用途是制造轮胎。

（6）丁基橡胶。

丁基橡胶由异丁烯与少量异戊二烯进行阳离子共聚制成的。加入少量异戊二烯是为了改善丁基橡胶的硫化性能。因为聚异丁烯分子中不含双键，不能硫化。丁基橡胶的最大特点是气密性特别优异，比天然橡胶要高7~9倍。因此主要用于制作车辆的内胎，也可用于制造无内胎轮胎的密封层。由于它的电绝缘好，在工业上也用作中、高压电缆和电器的绝缘材料。但丁基橡胶的弹性较差，制作的轮胎虽然柔软、舒适，噪声小，但跑动时生成的热量大，耗费燃料。

（7）硅橡胶。

硅橡胶是目前最好的兼有耐温和耐寒的橡胶。它的最低使用温度为－100℃，最高使用温度超过300℃。有一种用硅橡胶作绝缘层的电热丝，使用时，可以直接在220V的电源上，把电热丝绕在任何形状的容器外面，接上电源就能加热，十分方便。

硅橡胶还有优良的耐臭氧性和电绝缘性，常用于制备各种耐热耐寒的密封垫圈、防震缓冲层材料和电气绝缘材料。

由于它无毒无臭，也能用于制备食品工业的传送带和医疗用橡胶制品。在日常生活中，被大量用于制备高压锅、保暖杯的密封圈等。

（8）氟橡胶。

氟橡胶是主链或侧基含有氟原子的一类弹性体的总称。它是特种橡胶中的全能选手，适宜在条件最恶劣的环境中使用。它的热稳定性好，一般可在－54℃~315℃使用；化学稳定性和耐溶剂性都是最佳的，能耐强酸、强碱和强氧化剂。

氟橡胶的这种特性使它在航空、航天、化学、石油等许多部门得到广泛的应用。

（9）SBS热塑性弹性体。

大多数橡胶都要经过硫化处理，形成不溶不熔的交联结构才能使用，是热固性的材料。它们的加工过程十分复杂，劳动强度很大。而且，橡胶制品废弃物的回收成本也很高。近年来人们通过高分子的合成反应，制备出具有很好的弹性却无需硫化的弹性体。它们既像塑料一样,可以用注射成型的方法进行加工,得到的产品又具有很好的弹性,因此被称为"热塑性弹性体"。主要的品种是 SBS 弹性体(苯乙烯-丁二烯-苯乙烯嵌段共聚物)。

SBS 弹性体是通过活性阴离子聚合反应合成的。阴离子引发剂将丁二烯聚合形成两端都有活性的聚丁二烯预聚体,然后再加入苯乙烯,使之在链的两端继续聚合,就能生成具有嵌段结构的 SBS 弹性体。

SBS 中苯乙烯是硬段,丁二烯是软段。从粘流态转变为玻璃态时,硬段凝聚成不连续相,形成物理交联微区,分散在周围大量软段之中,形成微相分离结构。这种物理交联发挥了类似橡胶的硫化作用。同硫化橡胶不同的是,在 SBS 的分子间并没有形成化学键。很显然,这种物理交联点在高温下会由于分子的热运动而解离。因此,可以像塑料一样的加工,是一种可逆的交联。

热塑性弹性体可以通过任意的调节软段和硬段的长度和比例来改变弹性体的性能。一般来说,热塑性弹性体的强度和耐磨性都优于通用橡胶,但耐温性较差,而且价格比较高,常用于制备冰鞋轮、飞机轮胎、塑胶跑道、运动鞋底等。

4.3 橡胶制品的加工

橡胶制品分为干胶制品和胶乳两大类。橡胶的加工就是由生胶制成干胶制品或由胶乳制得胶乳制品的生产过程。

4.3.1 干胶制品的生产

干胶生产包括塑炼、混炼、压片和硫化四个阶段。

塑炼的目的是使生胶变软,具有塑性,容易同其他配合料均匀地混合。塑炼是在塑炼机中进行的。塑炼机的结构是两根平行的金属辊,分别以不同的速度转动,由此产生的剪切力,就能使夹在两辊中的生胶变软。

混炼的过程是要将塑化的生胶同其他五种配合剂均匀地混合在一起。混和得越均匀,硫化效果越好。过去的混炼也是在塑炼机中进行的,完全是手工劳动,强度大,工作条件十分艰苦。现在都使用全自动的密封的高速混炼机,可以保证生胶同配合剂均匀地混合在一起。混炼好的生胶在压片机中压成薄片,经过裁剪,制成各种所需的形状。最后在硫化机中,在120℃～180℃的温度下,用饱和蒸汽或热空气进行硫化,就能得到各种橡胶制品。

4.3.2　胶乳制品的生产

天然胶乳和合成胶乳都可制造胶乳制品。其间也要加入各种配合剂,并要加分散剂、稳定剂等专用配合剂。

各种胶乳制品的简单生产过程如下：

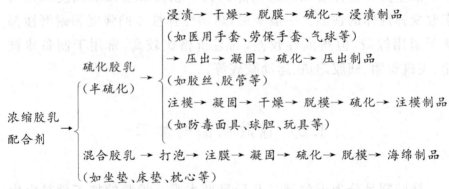

浸渍制品有医用手套、劳保手套、气球等;压出制品有胶丝、胶管等;注模制品有防毒面具、球胆、玩具等;海绵制品有坐垫、床垫、枕芯等。

4.4 纤维的基本知识

4.4.1 纤维的细度

人们把长径比为上百倍以上的均匀线条状或丝状的材料称为"纤维"。如棉花、羊毛、麻之类的天然纤维的长度约为其直径的1000到3000倍。

纤维的细度指纤维的粗细程度，是纤维材料的重要指标之一。一般采用与粗细有关的间接指标——支数和纤度表示。

(1) 支数。

我们穿的针织内衣和衬衣上常标有32支、60支的字样，这是什么意思呢？原来这是表示纤维细度的单位，称为"支数"，它是指1g原料所纺出的纤维的长度。这个单位主要适用于棉纤维。因此，如果用1g棉花纺出32m长的纤维就是32支，纺出60m就是60支，60支以上的织物称为"高支棉"。显然，纤维的支数越高，纤维越细，说明原料的质量越好，因为质量低的棉花是纺不了长纤维的。所以，高支棉不仅细轻，做成的衣料薄，而且强度也好。

(2) 纤度。

纤度是衡量细度的另一参数，指一定长度的纤维所具有的重量，纤维愈细，纤度愈小。纤度的标准单位是特(克斯)，简称"特"，记为 tex，是1 000m长纤维的重量克数。

纤度还有一个单位为旦尼尔，简称"旦"，记为 d，为长度9 000m的纤维的克数。当今合成纤维的极细记录为0.00009d，这种丝1克的长度为 $9000/0.00009=10^8$ m，可绕地球赤道2.5圈。

4.4.2 纤维的分类

纤维分为天然纤维和化学纤维两大类。

天然纤维是指自然界存在的或生长的具有纺织价值的纤维,是纺织工业的重要材料来源。常见的天然纤维有棉、麻、羊毛和蚕丝等。

棉和麻的主要成分是纤维素。棉纤维保暖性、吸湿性和染色性好,纤维间抱合力强,所以纺纱性能好;麻纤维表面平滑,较挺直,不易变形;羊毛具有稳定的卷曲性,有良好的蓬松性和弹性;蚕丝具有柔和的光泽和舒适的手感。

化学纤维包括人造纤维和合成纤维两类。

人造纤维是天然纤维经过化学处理后加工的,如粘胶纤维、醋酸纤维、铜铵纤维等。粘胶纤维是用木材、棉子绒、木浆粕和芦苇等天然纤维为原料,经化学加工制成的。粘胶纤维的化学成分与棉纤维基本相同,吸湿性、透气性、染色性及纺织加工性比较好,但它的弹性、耐磨性差,缩水率较大。棉型粘胶短纤维也称"人造棉";醋酸纤维是以醋酸纤维素为原料纺丝而制得的人造纤维;铜铵纤维是经提纯的纤维素溶解于铜铵溶液中纺制而成的一种再生纤维。它在外观、手感或柔软性方面与蚕丝很近似,柔韧性大,富有弹性和极好的悬垂性。

合成纤维是通过小分子聚合反应合成的聚合物加工而成。合成纤维的品种很多,如聚酯纤维、聚丙烯腈纤维、聚酰胺纤维等。第一种大规模生产的合成纤维是聚酰胺纤维(尼龙丝)。1940年,尼龙长筒女袜刚一投放市场就轰动了世界,4天之内400万双袜子一抢而空。在我国尼龙也被称为"锦纶",因为在我国,锦州化工厂是最早开始生产尼龙的。

4.4.3 成纤聚合物

并不是任何聚合物都能纺丝制造纤维。能制备纤维的聚合物必须具备以下基本条件:

(1)成纤聚合物必须是线性高分子,在力的作用下,有利于取向,具有较高的拉伸强度。

(2)有一定的分子量。分子量低于某个临界值,将不能成纤或强度很差,而分子量高到一定数值后,会给纺丝的黏度、流动性带来不利影响。一般希望分子量在某个适当的值,如尼龙-66成纤分子量为16 000~22 000,聚丙烯腈成纤分子量为50 000~80 000,等规聚丙烯成纤分子量为180 000~300 000。

(3) 成纤聚合物通常是结晶度高的聚合物。

(4) 成纤聚合物应具有可溶性或可熔性。

4.5 合成纤维的主要品种

4.5.1 聚酰胺纤维(尼龙纤维)

尼龙纤维是以含有酰胺键的高分子化合物为原料,经过熔融纺丝及后加工而制得的纤维。

尼龙纤维最大的特点是耐磨性非常好,在所有的化学纤维和天然纤维中,它可算得上是耐磨冠军:它的耐磨性比棉花高10倍,比羊毛高20倍。因此,制备袜子是尼龙纤维最佳的用途之一。尼龙丝也大量地用于同天然纤维的混纺织物中。例如,在棉花和羊毛中加入少量尼龙纤维就能大大提高棉和毛的耐磨性;在毛织物中混入30%的尼龙,织物的耐磨性可提高3倍。

尼龙丝的强度很高,所以用尼龙丝做的衣服特别轻巧。但尼龙纤维的耐光性和保型性都较差,制成的衣料不挺括,容易变形,虽其是制造运动服和休闲服的好材料,但不适于做高级服装的面料。

尼龙纤维的耐热性较差,加热到160℃~170℃就开始软化收缩。所以不宜用开水洗涤尼龙衣物,熨烫的温度也不能很高。

同其他合成纤维相比,尼龙纤维的吸湿性还算比较好的,它的吸湿率可达3.5%~5.0%。这是因为尼龙分子中有许多亲水的酰胺基。不过酰胺基在尼龙分子中的比例还不够高,因此穿在身上仍有不透气的感觉。如果增加酰胺基在分子中的含量,制成尼龙-4,

它的吸湿性就能达到和棉花相似的水平。

由于尼龙纤维高强度和高耐磨性，弹性和抗疲劳性也很好，所以在工业上的用途十分广泛。主要用途是制备轮胎帘子布、降落伞、绳索、渔网和工业滤布。在日常生活中，尼龙纤维的长丝主要用来制备丝袜和各种针织品。尼龙丝同真丝交织做成各种丝绸产品，尼龙短纤维常同羊毛或粘胶纤维混纺，以提高这些毛型产品的耐磨性，降低织物的生产成本。棉袜中掺混适量的尼龙纤维后，能大大提高棉袜的耐磨性。尼龙的鬃丝主要用来做网袋、牙刷和衣刷。

4.5.2 聚酯纤维

聚酯纤维的中国商品名称是涤纶，俗称"的确良"，是由二元酸和二元醇经过缩聚而制得的聚酯树脂，再经熔融纺丝和后处理制得的一种合成纤维。聚酯纤维在合成纤维中发展最快，产量居于首位。

涤纶的抗皱性和保型性比羊毛好，一次熨烫后可以保持很长时间，是所有天然纤维和合成纤维所不及的。因而可作衣着织物或装饰用织物的原料。

涤纶纤维的强度非常大，比棉花高1倍，比羊毛高3倍，且湿强度不低于干强度，因而广泛用于制备绳索、汽车安全带等。

涤纶纤维有很高的耐冲击强度和耐疲劳性，它的耐冲击强度比尼龙高4倍，是制造轮胎帘子线的很好材料。

涤纶纤维也存在一系列缺点，如透气性差，吸湿率低，手感硬等。与天然纤维混纺，可以克服这一缺点。涤纶纤维和天然纤维混纺交织，得到的毛涤或棉涤织物，具有涤纶纤维强度好、挺括的特点和棉毛纤维吸湿性好、柔软、染色性好的特征，是制备高级衣服面料的重要原料。

4.5.3 聚丙烯腈纤维

聚丙烯腈的中国商品名称是"腈纶"，是由丙烯腈通过自由基聚合反应合成的,其产量居合成纤维产量中的第三位。

聚丙烯腈纤维包括丙烯腈均聚物和共聚物。单纯的丙烯腈均聚物,由于大分子链上的氰基极性大,分子作用力强,纺出的纤维硬脆,而且难以染色。为改善这一缺点,在实际生产中采取加入少量其他单体共聚的方法,即在丙烯腈的单体中加入一种长链的丙烯酸酯和一种极性的单体衣康酸,就可改善聚丙烯腈的脆性和染色性。这样得到的产品性能优良,被誉为"人造羊毛"。

腈纶不仅蓬松卷曲,十分柔软,而且有较好的弹性;它的质量比羊毛轻10%,强度却高20%;耐光性比羊毛好2倍,保暖性更好,适于制备毛衣和保暖的衣物。腈纶具有优良的耐晒性,除聚四氟乙烯纤维外,腈纶的耐晒性是纤维中最好的。因此适于制备在户外使用的织物,如帐篷、窗帘、毛毯、毛织物等。腈纶的主要缺点是易起毛球,耐磨性差。

目前,腈纶纤维大部分为民用,且以腈纶短纤维作服装为主,可纺制成哔叽,华达呢,也可与涤纶、粘胶纤维混纺制成薄呢。

4.5.4 聚丙烯纤维

聚丙烯纤维是利用定向聚合得到的等规聚丙烯为原料,经熔融挤压法,进行纺丝而制成的合成纤维,也称为"丙纶"。因为原料来源丰富、生产工艺简单,所以,其产品价格相对比其他合成纤维低廉。近年来丙纶在合成纤维中发展得比较快,产量仅次于涤纶、锦纶、腈纶,是合成纤维的重要品种。

丙纶的性能主要表现为以下几个方面:

(1) 质轻。丙纶在合成纤维中最轻,密度只有 0.9~0.91,比涤纶轻 30%,比锦纶轻 20%。

(2) 强度高。丙纶纤维的强度高(短纤维相对强度为 4×10^{-3} N/tex~6×10^{-3} N/tex,长丝为 5×10^{-3} N/tex~8×10^{-3} N/tex),湿强度和干强度基本相同,即润湿时强度也不下降。

(3) 工业耐磨、耐腐蚀性能好。丙纶纤维的耐磨性、回弹性好,抗微生物,不霉、不蛀,耐化学性优于其他纤维。

(4) 电绝缘性、保暖性优。丙纶纤维的电绝缘性和保暖性能优于其他纤维。

丙纶的缺点:耐热性、耐老化性、吸湿性、染色性差。

丙纶纤维的主要用途是制作地毯(包括地毯底布和面)、装饰布,可与多种纤维纺制成不同类型的混纺织物,经过针织加工后可以制成衬衣、外衣、运动衣、袜子等。由丙纶中空纤维制成的絮被,质轻、保暖、弹性良好。丙纶纤维无纺布用于卫生制品、医用手术帽、床上用品等;丙纶纤维丝、束可用于香烟滤嘴填料。

由于丙纶在大分子结构上不含有能与染料结合的化学基团,所以染色比较困难。通常采用熔体着色法,将颜料制剂和聚丙烯在螺杆挤压机中均匀地混合,经过熔融纺丝得到有色纤维,这样的纤维色牢度很强;另一种方法是与丙烯酸、丙烯腈、乙烯基吡啶等共聚或接枝共聚,使聚合物大分子上引入能与染料相结合的极性基团,再直接用常规方法染色。在丙纶生产的过程中常需要加入各种添加剂以改进染色性、耐光性和抗燃性。

4.5.5 聚乙烯醇纤维

聚乙烯醇纤维是把聚乙烯醇溶解于水中,经纺丝、甲醛处理制成的合成纤维,也称为"聚乙烯醇缩甲醛纤维",中国的商品名为"维纶",日本命名为"维尼纶"。

维纶纤维具有良好的强度、吸湿性、保暖性、耐磨性和耐日光性;主要缺点是耐热水性差,弹性不佳,染色性较差。

维纶性质与棉花相似,强度和耐磨性优于棉花,因此维纶大量用以与棉、粘胶纤维或其他纤维混纺,也可纯纺,可制作外衣、汗衫、棉毛衫裤和运动衫,以及工作服,也可制作帆布、缆绳、渔网、包装材料和过滤材料;可以作为塑料、水泥、陶瓷的增强材料,也可作为石棉代用品制成石棉板。

4.5.6 聚氨酯纤维

聚氨酯纤维是目前最富弹性的一种合成纤维。它是以聚氨基甲酸酯为主要成分的一种嵌段共聚物制成的纤维。聚氨酯纤维的中国商品名为"氨纶"。

氨纶因为是由柔性的聚醚或聚酯链段和刚性的芳香族二异氰酸酯链段组成的嵌段共聚物,又用脂肪族二胺进行了交联,因而获得了类似橡胶的高伸长性和回弹性。氨纶强度高,是橡胶丝的 3～5 倍,其物理机械性能与天然橡胶丝十分相似。氨纶耐汗、耐海水,并耐各种干洗剂和大多数防晒油。

聚氨酯纤维一般不单独使用,而是少量地将其掺入织物中。这种纤维既具有橡胶性能又具有纤维的性能,且易于纺制成不同粗细的丝,因此被广泛用来制作弹性编织物,是比较理想的伸缩性衣料用纤维。由氨纶或其包芯纱经针织、机织制成游泳衣、弹力布、灯芯织物等;由径向弹力织物制成滑雪衣、紧身裤;由纬向弹力织物制作运动服;由氨纶直接制成针织内衣、衣物的领口、袖口、裤口、袜口及松紧带、腰带等;由氨纶直接制成医疗织物、军需装备、宇航服的弹性部分等。随着人们对织物提出新的要求,如质量轻、穿着舒适合身、质地柔软等,低纤度氨纶织物在合成纤维织物中所占的比例也越来越大。

4.5.7 碳纤维

碳纤维是一种超高强度和高耐热性的材料,它的强度比一般的金属丝高,而相对密度却非常轻,还能耐 2 000 ℃ 以上的高温。因此碳纤维增强复合材料在航天、航空等高新尖科技领域发挥了重要作用,如将碳纤维事先编结成织物,再同石墨或碳复合制成的材料可以用以制备火箭喷嘴等超高温部件。

碳纤维的抗疲劳性能也特别好,用碳纤维复合材料制成的直升机的螺旋桨比金属更耐用,几乎不用更换。

　　国外已经有用碳纤维代替钢铁制成的桥梁,其上可行驶重达66t的车辆。日本用碳纤维代替钢筋建造了两幢42层高的超高层大楼,用150t沥青碳纤维取代3 000t钢筋作大楼外墙,使钢筋混凝土的质量减少了60%,对大楼防震有重要作用。据估算,大楼的寿命可因此提高80%左右,经济效益十分显著。

　　碳纤维无毒,与生物体的组织和血液相容性好。因此也可用以制备人造骨骼,如人造关节、齿科材料、韧带和心脏膜等医用材料。

　　碳纤维的特殊性能使它在制备体育器材方面也大显身手。用碳纤维复合材料制备撑杆跳高杆、高尔夫球棒、网球拍、自行车、冲浪板、赛艇和滑翔机等高级运动器械,对提高运动成绩、保障运动员安全等方面都有重要作用。

4.5.8　芳纶

　　如果聚酰胺的原料改用对苯二甲酸和己二胺,生产的纤维叫"尼龙6T"或"锦纶6T"。而全部改为芳香族酸(酰)和芳胺合成的原料生产的纤维则统称"芳纶"。国内著名的芳纶产品有芳纶14,杜邦公司产品叫Kevlar49。

　　芳纶是一种高强度、高模量的纤维,由于它的密度很小,比强度(单位重量材料的强度)最高。例如Kevlar纤维的比抗张强度比钢丝高4倍,比模量比钢丝高2倍,因而特别适合于制备飞机壳体、高压容器、飞机内部装饰坐椅等。

　　芳纶有很高的耐热性,其熔点都在400℃以上。芳纶的耐热耐疲劳特性特别适宜制作飞机、高速汽车轮胎的帘子线。用芳纶作帘子线的轮胎,高速行驶时振动非常小,乘客乘坐非常舒适。

　　芳纶纤维耐腐蚀,有弹性,其断裂伸长率可达6%,是制作缆绳和高强度降落伞的理想材料,如船舰缆绳,海底电缆等。

　　芳纶纤维的韧性、编织性好,耐冲击,可用来制作防弹背心和护膝。

4.6 纤维的加工

纤维加工包括纺丝和后加工两道工序。

纺丝方法主要有熔融纺丝和溶液纺丝两大类。

4.6.1 熔融纺丝

凡能加热熔融或转变为粘流态而不发生显著分解的聚合物,均可采用熔融纺丝法进行纺丝,如涤纶、锦纶、丙纶都是通过熔体纺丝而制成的。

"图 4.1"为熔融纺丝的示意图,切片在螺杆挤压机中熔融后被压至纺丝部位,经纺丝泵定量地送入纺丝组件,在组件中经过滤,然后从喷丝板的毛细孔中压出而形成细流,熔体细流在纺丝甬道中被空气冷却成型,再卷装成一定的形式。

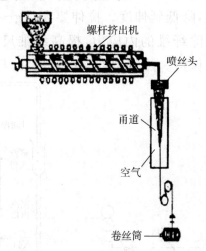

图 4.1 熔融纺丝示意图

4.6.2 溶液纺丝

将聚合物溶于适当溶剂中制成纺丝液,通过纺丝泵计量,经轴形过滤器、连接管，再从喷丝头将原液细流压入凝固浴；当凝固浴为水、溶剂或溶液等介质时，原液细流内的溶剂向凝固浴扩散，而凝固浴中的沉淀剂向细流内渗透，使聚合物在凝固浴中成丝析出，形成纤维。此法称为"湿法纺丝"，如"图 4.2"所示。当凝固浴为热空气时，由于热空气流的作用，原液细流中的溶剂迅速挥发并被空气带走，同时原液细流凝固形成纤维，此法称为"干法纺丝"，如"图 4.3"所示。

腈纶、维纶和粘胶纤维可采用湿法纺丝，维纶、氯纶和部分腈纶等可用干法纺丝。

通过以上纺丝方法得到的初生纤维，其强度不符合加工要求，不能直接用于织物加工，为此，必须进行一系列后加工，以改进纤维结构，提高其性能。后加工一般包括上油、拉伸、卷曲、热定型、切断、加捻和绕丝等多道工序，具体要视纤维的品种和形式而定，其中拉伸和热定型对所有化纤的生产都是必不可少的。

拉伸使高分子链沿纤维轴取向排列，以加强分子链间作用力，从而提高纤维强度，降低延伸度。拉伸要在 $Tg \sim T_f$ 的温度范围内进行。热定型可消除纤维的内应力，提高纤维尺寸稳定性，使拉伸和卷曲的效果得以保持。热定型的温度范围在 $Tg \sim Tm$ 之间。

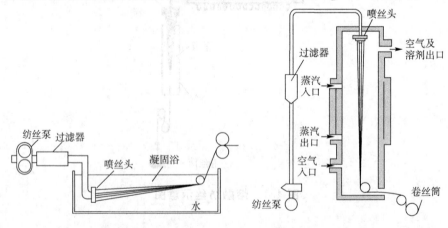

图 4.2　湿法纺丝示意图　　　图 4.3　干法纺丝示意图

第5章 涂料与胶粘剂

5.1 涂料概述

5.1.1 涂料及其功能

涂料是指涂覆在物体表面起保护、装饰作用或赋予某些特殊功能的材料，俗名"油漆"。最早的涂料是用植物油、大漆（漆树）等天然资源制得的。石油化工和有机合成技术的发展，为涂料工业提供了许多新的原料来源，以至于可以少用或完全不用天然油类，而改用各种合成树脂，所以"油漆"二字已失去原有含义，但由于习惯，沿用至今，仍可泛指各种有机涂料。

最早的油漆主要用于装饰，并且经常和艺术品相联系。现代涂料将这种作用发挥得淋漓尽致。环顾四周涂料无处不在：室内的墙壁、冰箱、家具处处都有涂料的踪影，室外的大楼、汽车、广告牌等也都被涂料装饰。

涂料的另一个重要功能是保护作用。由于涂料涂层的隔绝，使大气中的氧、二氧化碳、微生物、烟雾、污垢物，以及紫外线、微生物等不能直接接触到被涂覆的金属、非金属或其他材料，从而起保护作用或者起到防腐作用。这在工业上的应用是屡见不鲜的。涂料还可以保护许多古文物，包括古埃及金字塔、我国的敦煌石窟，以及其他古建筑，以防止文物受到侵蚀和破坏。

涂料的第三个功能是标志作用。在交通道路上，通过涂料醒目的颜色可以制备各种道路分离线、路标、警示牌、信号牌等。产品的包装和管道、容器都有标准规定的色彩标志，如氧气钢瓶涂上天蓝色,氯气钢瓶涂上墨绿色,危险物管道涂上红色等。

除此之外,涂料还赋予物体一些特殊功能,例如,电子工业中的导电涂料、干扰电磁波的涂料;生产和生活中的防火涂料;军事上的伪装与隐形材料;航天工业上的烧蚀涂料、温控涂料等。这些涂料对高科技的发展有着重要作用。

5.1.2 涂料的组成

一般涂料主要由成膜物、颜料和溶剂组成。除上述三个主要组分外,有时还要根据施工和使用的要求,添加各种助剂。

(1) 成膜物。

成膜物也称"粘结剂"或"基料",它是涂料牢固附着于被涂物表面形成连续薄膜的主要物质,是涂料中最主要的成分,对涂膜的性能起着决定性的作用。

成膜物一般为有机材料。在成膜前可以是聚合物也可以是低聚物(聚合程度较低的聚合物),但涂布成膜后都形成聚合物膜。干性油、各种改性的天然产物以及合成聚合物都可以用作成膜物。成膜物还包括部分不挥发的活性稀释剂。

(2) 溶剂。

溶剂(或水)是用于溶解或分散成膜物的,用于调节涂料的黏度和固体含量。涂料在涂覆于材料表面后,溶剂将逐渐挥发掉。因此溶剂只是用来改善涂料的可涂布性,帮助成膜物转移到被涂物表面上,而对最终的涂膜性质没有重要的影响。

(3) 颜料和填料。

颜料是涂料的重要组成部分,是一类不溶于水的有色或白色粉末。颜料的主要作用是使涂膜具有所需要的色彩,并有一定的遮盖作用,使涂料发挥更好的装饰作用和保护作用。颜料具有以下特性:较高的分散度、鲜明的颜色,以及对光的稳定性等。颜料同时对涂料的流平性、耐洗刷性和耐气候性等也有一定影响。

填料是一些无机粉末,它具有增大涂膜厚度、提高涂膜的耐久性及硬度、降低涂膜的收缩率等作用,不过主要是为了降低涂料的成本。

有的涂料中可以不用溶剂和颜料。这些不含溶剂的涂料称为"无溶剂涂料",不加颜料的涂料被称为"清漆",含有颜料的涂料被称为"色漆"。

乳胶漆中使用的颜料主要是合成颜料。如钛白粉 TiO_2(白色颜料)、立德粉(学名锌钡白)、氧化铁系列颜料及酞菁系列颜料等;而填料主要有白炭黑(超细二氧化硅)、高岭土、轻质碳酸钙($CaCO_3$)和滑石粉等。

(4) 助剂。

助剂是涂料的辅助材料,有时也是必不可少的。主要有催干剂、流平剂、防结皮剂、防沉剂、抗老化剂、固化剂、增塑剂等,这些物质常常对基料的成膜过程与耐久性起着相当重要的作用。

在乳胶漆中除了上述助剂外,还有对颜(填)料起分散润湿作用的润湿分散剂;使乳胶漆能够在较低温度下良好成膜的成膜助剂;降低涂料表面张力的消泡剂;防止涂料储存变质、杀灭霉菌的防霉杀菌剂;改变涂料流变性能的流动控制剂及改变涂料酸、碱度的 pH 值调节剂。对一些特殊用途的功能性涂料还必须使用更专门的助剂,如防火涂料中的防火阻燃剂、防锈涂料中的防锈阻锈剂等。由于对涂料的要求不断增高,助剂的品种不断增多,功能也不断增强。

5.1.3 涂料的分类

当前,涂料品种有上千种,可以从不同的角度进行分类,如成膜物、溶剂、颜料和功能等。

表 5.1 涂料按成膜物分类

序号	涂料类别	主要成膜物
1	油脂漆	天然植物油、鱼油、合成油
2	天然树脂漆	松香及其衍生物、虫胶、动物胶、大漆及其衍生物
3	酚醛树脂漆	酚醛树脂、改性酚醛树脂、甲苯树脂
4	沥青漆	天然沥青、煤焦沥青、石油沥青等
5	醇酸树脂漆	醇酸树脂及改性醇酸树脂
6	氨基树脂	脲醛树脂、三聚氰胺甲醛树脂
7	硝基漆	硝基纤维素、改性硝基纤维素
8	纤维素漆	乙基纤维、羟甲基纤维、乙酸纤维等
9	乙烯树脂漆	氯乙烯树脂、聚乙烯醇缩醛树脂等
10	过氯乙烯漆	过氯乙烯树脂
11	丙烯酸树脂漆	丙烯酸树脂
12	聚酯树脂漆	不饱和聚酯、聚酯
13	环氧树脂漆	环氧树脂
14	聚氨酯漆	聚氨酯
15	有机硅树脂漆	有机硅
16	橡胶漆	天然橡胶、合成橡胶
17	其他	聚酰亚胺树脂等

从成膜机理分类,可分为两大类,一类是转换型或反应型涂料,另一类是非转换型或挥发型涂料。前者在成膜过程中有化学反应,一般均形成网状交联结构,因此,成膜物相当于热固性聚合物。有的涂料可在常温下交联固化,如醇酸树脂涂料;有的涂料在高温烘烤下完成反应,如氨基漆等。非转换型涂料仅仅是溶剂的挥发,成膜中未发生化学反应,成膜物是热塑性聚合物,如硝基漆、氯化橡胶漆等。

从成膜物中所含树脂类型来分,可分为 17 大类,详见"表 5.1"。这是最常见的一种分类方法。

从溶剂来分类,可分为有溶剂涂料和无溶剂涂料。前者又可分为水性涂料和有机溶剂涂料。水性涂料指以水为溶剂的水溶性聚合物涂料和以水为介质的水乳液。

从颜料来分,分为无颜料的清漆和加颜料的色漆。

从功能来分,可分为通用、装饰和特种涂料。通用涂料主要用于防护,形成保护膜;装饰涂料主要用于装饰外表,使之具有不同的颜色和图案。特种涂料是指除具有上述两种功能外,还有特殊应用功能的涂料。

涂料厂家喜欢把涂料按实际用途划分,主要有建筑涂料、汽车涂料、家电涂料、卷材涂料、纸张涂料等,而施工者喜欢按施工方法分为喷涂漆、辊涂漆、烘漆等。

5.2 涂装技术

将涂料薄而均匀地涂布于基材表面的施工方法称为"涂装"。为了使涂料取得应有的效果,涂装施工非常重要。

涂料的施工首先要对被涂物的表面进行表面处理。表面处理有两种意义,一方面是消除被涂物表面的污垢、灰尘、氧化物和水分、锈渣、油污等;另一方面对表面进行适当改造,包括进行化学处理或机械处理,以消除缺陷或改进附着力。不同材质有不同的处理方法,如金属通常要进行防锈、除油、钝化处理等。

表面处理之后,进行涂装。涂装的方法很多,一般要根据涂料的特性、被涂物的性质和形状及质量要求而定。常用的方法有:

(1) 手工涂装。

包括刷涂、滚涂、刮涂等。其中刷涂是最常见的手工涂装法。

(2) 浸涂和淋涂。

将被涂物浸入涂料中,然后吊起,滴尽多余的涂料,最后进行干燥的涂装方法称为"浸涂"。淋涂则是用喷嘴将涂料淋在被涂物上,形成涂层。它和浸涂方法一样适用于大批量的流水线式的生产方式。

(3) 空气喷涂。

通过喷枪使涂料雾化成雾状液滴,通过气流带动将涂料喷到被涂物表面的方法。使用这种方法效率高,作业性好。

(4) 静电喷涂。

利用被涂物为阳极、涂料雾化器为阴极,形成高压静电场,使喷出的漆滴被高效地吸附在被涂物上。静电喷涂是手工涂装的发展,可节省涂料,易实现机械化,生产效率高,适用于流水线生产,且所得的漆膜均匀,质量好。

5.3 涂料的应用

5.3.1 汽车中的特种涂料

涂料由于其成本低廉、施工方便、功效显著,所以,在汽车涂装中的应用越来越广泛。汽车中的特种涂料系指满足汽车涂装的特殊要求的特种涂层。主要有PVC涂料、防声绝热涂料、耐热涂料、耐汽油涂料和耐酸涂料、汽车塑料件用涂料等。

（1）PVC涂料（焊缝密封胶和车底涂料）。

为提高汽车车身的密封性（不漏水不漏气）,提高汽车的舒适性和车身缝隙间的耐腐蚀性,车身的所有焊缝和内外缝隙在涂装过程中都需密封涂料（俗称"密封胶"）进行密封。

随着交通运输的高速化,汽车速度大大提高,导致路面的沙石对汽车车身底板下表面、轮罩及车身的下部冲击力显著增大,使涂层易受损坏,而失去耐腐蚀能力。为提高汽车车身的使用寿命,在车身底板下表面,尤其是轮罩、挡泥板表面,增涂1～2mm厚的耐磨涂层,称为"车底涂层"（Underbodycoat）,所用涂料称"车底涂料"。

焊缝密封涂料和车底涂料早期采用溶剂型（如沥青系列和合成树脂系列）涂料,后因容易起泡、力学性能差而被淘汰。现今采用的是以聚氯乙烯树脂（PVC）为主要基料和增塑剂制成的一种无溶剂涂料,其不挥发成分高达95%～99%。

PVC涂料在汽车上用量很大,如每台轿车车身的PVC涂料耗用量可达20多千克。焊缝密封涂料和车底涂料一般通用1种PVC

涂料,但因使用目的和施工方法的不同,在要求高的场合中会采用两种 PVC 涂料,以适应各自的特殊性能。如车底涂层用的 PVC 涂料的抗冲击性要好,易高压喷涂,施工黏度低一些;焊缝密封涂料对其涂层的硬度、伸长率、抗剪强度、抗拉强度等都有要求,施工黏度要高一些。因此为适应各自的要求,在配方基本一致的基础上做一些相应的调整。

(2) 防声、绝热涂料。

为减轻汽车在行驶过程中因振动而产生的噪声,提高轿车的舒适性和适应空调隔热的需要,一般在门板、壁板、顶盖、发动机和行李箱盖的内表面和车身底板的上表面涂饰防声阻尼涂料。以往采用沥青、石棉制的防声浆,涂布厚度为 2～3mm,现今已被防振绝热垫片所取代。

防振绝热垫片(板)有粘贴型和热融粘着型两种,其主要成分是沥青、橡胶、石棉粉等。粘贴型防振绝热板的一面涂有压敏胶,有防贴保护,撕下防贴纸,供垂直和下表面用(如外门板内表面或顶盖下表面)。热融粘着型供水平面用,即放置在水平面,随油漆烘干一起热融化,粘附在车身上。按所贴部位的需要,可加工成各种形状、厚度不等的防振绝热板,并给零件编号。

PVC 涂料也具有防声、阻尼、隔热的作用,它主要供车体外部使用。防振绝热板是铺设在车身和行李箱的内部,价格也便宜,施工也很简单。

(3) 耐热涂料。

耐热涂料是指涂膜能长期承受 200℃ 以上高温,并能保持一定的物理化学性能,使被保护对象在高温环境下能正常发挥作用的功能性涂料。

高档轿车的发动机排气管、缸盖密封和消声器系统,需采用耐热涂料,以便在发动机正常运转时不被烧坏。耐热性要求在 500℃ 下烘烤 3 小时,漆面的机械强度无变化。

(4) 耐汽油涂料和耐酸涂料。

此类防腐蚀涂料在被涂基体表面上固化后形成涂层,通过屏蔽作用、缓蚀作用或阴极保护作用来防止基体腐蚀。

汽油箱内表面最需涂耐汽油涂料，可采用酚醛树脂系列的电木清漆或耐汽油的电泳涂料。与蓄电池接触的部件需涂耐酸漆，防止硫酸侵蚀。最初采用沥青底漆和酚醛耐酸磁漆，现今大多采用耐酸性优良的粉末涂料和电泳涂料。

(5) 汽车塑料件用涂料。

塑料的耐腐蚀性能好，密度低，有些工程塑料的力学性能不亚于金属材料。汽车要省油，就要轻量化，因此，塑料代替各种金属材料在汽车上的应用呈增长的趋势。

塑料不仅应用于内饰件，现已发展到制造外饰件和车身的外表件（如前后保险杠、挡泥板、车轮罩、车门、仪表板、保护板、水箱面罩等）。

汽车塑料件涂装的目的是提高外表装饰性（如车身外表装饰件的外观装饰性要与车身涂层相同），消除表面缺陷和改善表面性能（提高耐候性、耐药品试剂性等）。但因塑料品种、材质和软硬不一，一般不耐高温等，因而增加了塑料涂装的难度。针对塑料件涂装的要求，有些涂料公司已开发出了塑料用涂料系列，成为塑料专用涂料。

5.3.2 乳胶漆的选用

目前内墙装饰用水性涂料主要有两类：一类是以水溶性树脂为基料，加入一定量的颜料、填料和助剂，经研磨分散后制成的水溶性内墙涂料，如"106"、"107"、"831"涂料等；另一类就是以合成树脂乳液为基料，经与颜料、填料研磨分散后，加入各种助剂配制而成的合成树脂乳液内墙涂料，俗称"内墙乳胶漆"。

内墙乳胶漆因所用乳液的不同，名称也各异，常见的有"丙烯酸内墙乳胶漆"、"苯丙内墙乳胶漆"、"醋酸乙烯内墙乳胶漆"等。由于内墙乳胶漆所含主要成分与水溶性涂料有明显不同，故成膜后的涂膜性能亦有较大差异，就综合性能来说，乳胶漆明显优于水溶性内墙涂料。

乳胶漆施涂于建筑物表面，经过一段时间的养护（约 7 天），水及小分子成分挥发,成膜物质间相互反应交联形成一层完整漆膜。漆膜对人体几乎没有危害,挥发物中水亦对身体无害。由于生产各类乳胶漆所用单体毒性很小,且残余量有限,而乳胶漆所用助剂的量在乳胶漆配方中所占的比例很低,故均无多大毒性。因此,可以说乳胶漆使用中一般不会对人体健康造成危害,消费者可放心使用。

消费者如何才能选购到价格适中、综合性能好的内墙乳胶漆产品呢?

一般来讲,选购内墙乳胶漆时应根据自身的经济实力,确定对内墙乳胶漆产品性能、装饰效果及价位的要求后再行选择。由于不同企业的技术力量、质量管理水平和产品质量控制能力均存在较大差异,因而不同乳胶漆产品的质量相差较大。

按 GB79756－2001《合成树脂乳液内墙涂料标准》的规定,合成树脂乳液内墙涂料产品分为三个等级:优等品、一等品、合格品。测定乳胶漆的性能指标主要有耐洗刷性、对比率、耐碱性等。

对比率的高低直接反映乳胶漆的遮盖力。对比率低,遮盖力低,相对涂刷乳胶漆的用量增大。耐洗刷性,"脏了可以用水洗",是吸引消费者购买合成树脂乳液内墙涂料的最重要原因。很多合成树脂乳液内墙涂料产品在促销时,也以湿布轻松擦去儿童在墙上的涂鸦为例。标准要求优等品乳胶漆的耐洗刷性优等品≥1 000次,一等品≥500次,合格品≥200次。耐碱性,指涂膜对碱侵蚀的抵抗能力。耐碱性指标差时,一旦涂料刷在碱性墙上,涂层表面会出现"白花现象"。

此外,遮盖力与细度对乳胶漆的涂刷效果也起着至关重要的作用。遮盖力越强,细度越小,涂刷后墙面的细腻程度越高。遮盖力强可简化工序,一些优质乳胶漆,只需一道底漆、一道面漆就能完工。附着力反映漆膜附着在墙体上的牢固程度。墙体涂刷后出现干裂、脱皮的情况,不仅与底材处理有关,与漆膜附着力的强弱也有直接关系。不同品牌的乳胶漆之所以在价格上存在很大差异,性能指标是一个很重要的原因。

在购买乳胶漆时,还要注意产品的生产日期和保质期。内墙乳胶漆的有效储存期一般为1年。购买时可打开盖观察,乳胶漆应呈细腻、均匀状态,不应有沉降、结块、浮水、发霉、发臭等现象。从产品的明示说明中判断产品质量。乳胶漆的包装桶上至少应标注以下事项:产品型号、名称、批号、标准号、重量、生产厂及生产日期。消费者购买时应注意有无上述明示标识。

5.3.3 防火涂料

防火涂料既具有涂料的一般功能,又具有防火功能。这种涂层本身具有不燃或难燃的性质,而且又能阻止底材的燃烧或对其燃烧的蔓延起阻滞作用。这样就争取了较充分的时间来灭火。

燃烧是一种快速的、有火焰发生的氧化反应,燃烧必须同时具备三个条件,即可燃物质、助燃剂(氧气或氧化剂)和温度。为了阻止燃烧的进行,必须切断燃烧三个要素中的任何一个,如降低温度、隔绝空气或可燃物。

防火涂料要起防火作用首先要求涂层自身是不燃的,因此,必须采用难燃的有机聚合物为基料,或用无机成膜物代替有机聚合物,也可以在有机涂料中加入阻燃剂。

市场上供应的防火涂料可分为非膨胀型和膨胀型两种。

(1) 非膨胀型的防火涂料。

非膨胀型防火涂料是通过涂层自身的难燃性或不燃性,在火焰或高温下释放出灭火性气体及形成无机釉状保护层隔绝空气来达到防火的目的。非膨胀型防火涂料按照成膜物的不同可分为无机和有机两种类型。

无机非膨胀型涂料以无机物,如水玻璃、硅溶胶、水泥等为成膜物(即粘合剂),掺入云母、石棉、硼化物等无机填料,有时也加一些有机聚合物溶胶来改善涂层性质。无机防火涂料多用于建筑防火或暂时性的防火保护。

有机膨胀型防火涂料一般用含卤素的聚合物为成膜物。含卤素树脂具有难燃自熄性,也可以加入含磷或含卤素的阻燃剂。为了提高阻燃性能，配方中除了加氧化锑外，还需要加入大量的无机填料，如氢氧化铝、石棉、云母粉、磷酸盐、二氧化钛、玻璃粉、硼酸盐等，填料不仅起到阻燃作用，而且它们是燃烧时形成釉状保护层的主要物质。

由于非膨胀型防火涂料在燃烧时形成的保护层比较薄，隔热较差，受它保护的材质分解出来的气体可冲破它，引起"轰燃"，所以涂层要厚一些。该类涂料常用于防火要求不高的场合，其在着火初期的短时间内能够抑制和延缓火焰的传播。

（2）膨胀型防火涂料。

膨胀型防火涂料又称"发泡型涂料"，该涂层在火焰和高温下可膨胀炭化而形成均匀而紧密的蜂窝状或海绵状的碳质泡沫层，这层泡沫层比原来膜厚几十倍甚至上百倍，不仅有良好的隔绝空气的作用，而且有非常良好的隔热效果。除了形成不燃性的泡沫外，和一般阻燃材料一样，涂层中组分的分解和熔融等化学与物理变化可吸收大量热能。涂层分解出的不燃性气体为氨和水等，能稀释可燃气体的浓度。这些作用使膨胀型防火涂料能遇小火不燃，中火自熄，在较大火势下阻止火焰蔓延，减弱火苗的传递速度，是真正有效的防火涂料。膨胀型防火涂料是通过基料、发泡剂、成碳剂及颜料和助剂配制而成的。这些组分必须相配，才能得到最佳的膨胀发泡及防火的效果。

有了防火涂料，火灾的危害就可以大大减小。

5.4 胶粘剂概述

5.4.1 胶粘剂与粘接

能把同种或不同种的固体材料表面连接在一起的媒介物质，称为"胶粘剂"，也叫"粘合剂"。通过"胶粘剂"的粘接力使固体表面连接的方法叫"粘接"或"胶接"。

我们祖先很早就会使用粘土、淀粉和松香等天然产物作胶粘剂,如用糯米浆与石灰、黄沙制成砂浆,用于粘合长城基石;用糯米浆糊制成棺密封胶等。由于天然高分子胶粘剂原料来源广泛,加工方便,所以,至今仍在生活中应用着。但是,天然高分子胶粘剂不耐潮湿,而且强度也不理想,所以其应用范围受到一定限制。

随着合成胶粘剂工业的发展,人们对高分子胶粘剂认识的深入,以合成高分子或预聚体、单体为主体材料制备合成高分子胶粘剂得到了广泛应用。以高分子胶粘剂发展起来的密封材料、建筑材料(刨花板、纤维板)、无纺布等逐渐在国民经济中发挥着重要作用。例如,我们乘坐的飞机、汽车中大量使用了胶粘剂。目前,制造一架飞机需要400kg~2200kg的高性能胶粘剂,用于框架粘接和结构组装,可省去铆钉7.6万个,使机体重量减轻20%~25%,强度提高30%~35%,疲劳强度提高10倍。汽车中的本身结构、内衬材料、隔热材料、座椅及刹车片等的粘接也需用多种具有不同性能的胶粘剂。一辆家用轿车中各种胶粘剂用量约为25kg。在屋面防漏防渗、墙纸、天花板和地板的粘接,墙壁嵌缝,门窗的密封、排水管道的粘胶等也需要大量的胶粘剂。

至于日常生活中的胶粘剂更是不胜枚举。例如钢琴完全是粘接创作出来的艺术品,其外壳用层压板制造,内部则是用大小不等的几百块木片粘合而成。木工家具、体育用品、家用电器、鞋类等无一不用胶粘剂来粘接或修补。胶粘剂已进入我们生活的各个领域,发挥着越来越重要的作用。

5.4.2 胶粘剂的组成

胶粘剂的组成可简单、可复杂,简单的就只有粘料,复杂的则有如下的组成:

(1)粘料:又叫"主料"或"基料",起粘结作用。天然和合成高分子化合物及无机物等都可作为粘接料。

(2) 固化剂：使聚合物交联，形成网状结构，固化成型。
(3) 固化促进剂：加速固化过程或降低固化反应温度。
(4) 填料：改善粘料的机械性能或其他性能。
(5) 稀释剂：调节胶粘剂黏度，方便施工。一种是溶剂，另一种是能参与固化反应，又叫"活性稀释剂"。
(6) 其他助剂：如增塑剂、增稠剂、耐氧化剂、防霉剂等。

5.4.3 胶粘剂的分类

胶粘剂按施工方法分为：

胶粘剂
- 室温固化型：溶剂挥发、添加固化剂、厌氧胶等。
- 加热型：热熔胶（加热熔融，冷却固化）、热固性胶。
- 压敏型：压敏胶、不干胶、热压、冷压。
- 再湿型：水基型和溶剂型。

胶粘剂按主要组成成分的分类如下：

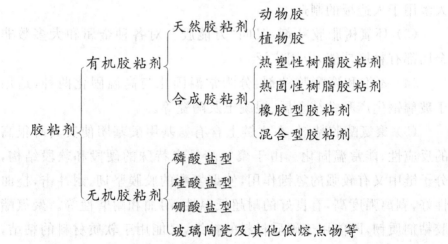

热塑性树脂胶粘剂由线性高分子组成，分子量大，可配成溶液或加热成熔融状态，施工方便。这类胶粘剂具有初粘力（起始粘附力）好，耐冲击、耐气候性良好等优点。常见的有：

(1) 聚醋酸乙烯胶粘剂：聚醋酸乙烯酯及其共聚物，可制成乳液胶粘剂，即白胶或溶液胶粘剂（溶解于乙醇、丙酮、甲苯、乙酸、乙酯等溶剂中)。非极性材料的粘结,多用于木材、织物、皮革等。

（2）聚丙烯酸酯粘合剂：丙烯酸甲酯或乙酯或丁酯等聚合物可制成聚丙烯酸酯粘合剂。有溶液型和乳液型,后者常用,多用于粘结有机玻璃、无纺布织物等。氰基丙烯酸胶用于粘接金属小零件、橡胶制品等。

（3）聚乙烯醇粘合剂：聚乙烯醇水溶液是构成胶水的主要成分,而聚乙烯醇缩醛类胶粘剂常作为建筑装修的主要胶粘材料。

热固性高分子胶粘剂分子中含有反应性基团,分子量不大,通过加热、加压或加固化剂结合成不溶不熔的交联高分子,粘接物体界面。由于其分子量小、初始粘力较低、固化易收缩或有应力,所以易在固化过程中变形,但固化后的粘结层耐热性较高,抗蠕变。常见的有：

（1）氨基树脂胶粘剂：包括脲醛树脂、三聚氰胺甲醛树脂等,主要用于制造层压板、人造板、碎木板等。

（2）酚醛树脂胶粘剂：以酚醛树脂为主体的胶粘剂品种很多,大多用于人造板的制造。

（3）环氧树脂胶粘剂：又叫"万能胶",对各种金属和大多数非金属都有粘接功能,应用广泛。

（4）不饱和聚酯胶粘剂：分为常温固化与高温固化两种,适用于玻璃钢生产和粘结金属、混凝土及陶瓷等。

（5）聚氨酯胶粘剂：在主链上含有氨基甲酸基团使其具有很高的反应性,能常温固化。由于聚氨酯具有特殊的硬段和软段结构,分子链中又有较强的氢键作用,使聚氨酯的胶膜坚韧、耐冲击,挠曲性好,剥离强度高,有良好的耐超低温性、耐油和耐磨性等。聚氨酯胶粘剂质韧,既能用于硬质材料的粘结,又能用于软质材料的粘结,金属、木材、塑料、皮革、陶瓷、玻璃、橡胶等都可以用它粘合。

橡胶型胶粘剂适合于粘合柔软的或热膨胀系数相差较大的物件,如橡胶与橡胶,橡胶与金属、塑料、皮革、织物、木材,以及它们相互之间的粘接,被广泛应用于飞机、汽车、建筑、橡胶、塑料加工及制品、轻工、用具等方面。据统计,5%～7%的橡胶被用来制作胶粘剂。主要有：

（1）氯丁橡胶胶粘剂：具有耐臭氧、耐水、耐化学试剂、耐油和耐老化性能，有单组分和双组分两类。单组分胶粘剂添加有预反应树脂，双组分常用的交联剂一般是异氰酸酯。目前已广泛应用于电子、轻工、建筑等部门。

（2）丁腈橡胶胶粘剂：对极性表面的粘附性特别好。分为溶剂与胶乳型两种，主要用于橡胶与橡胶、橡胶与金属、橡胶与织物等的粘接。

（3）氯化天然橡胶胶粘剂：具有优良的耐化学腐蚀性，有良好的粘附性和稳定性。除了自身作胶粘剂之外，常用来改性氯丁胶。

（4）硅橡胶胶粘剂：用作建筑物胶粘和密封门窗玻璃，以及用于许多耐温、耐水环境下的粘合，如地下室、地道、地铁、隧道的粘贴物件。

5.5　粘接工艺

胶接工艺是用胶粘剂把被粘物连接成整体的过程。要使粘接的强度好，胶粘剂的选择固然重要，接头的形状、被粘物表面的状态同样至关重要。因此需要很好地设计胶接接头的形状，并事先对被粘物的表面进行处理。

如要修补一个断裂的零件，其主要步骤为：①对被粘物件的表面进行修理，使之配合良好，相互间有尽可能大的接触面；②根据材料及强度要求对表面进行处理；③涂布胶粘剂，将被粘表面合拢装配；④进行固化。

5.5.1　表面处理

表面处理是关系粘接成功与否的关键。目的是为了除去粘接表面上的污物及疏松层，增加粘接的表面积。

表面处理的方法主要有：

（1）溶剂脱脂：用不同的有机溶剂如丙酮、甲苯、香蕉水等清洗被粘物的表面,以除去表面的污染物,改进胶粘剂的浸润性。

(2) 用砂纸等进行机械处理:该法常用于金属、木材及橡胶表面的处理,用于除去表面的铁锈、木材或橡胶表面的污垢,并增加被粘物表面的粗糙度,以利于提高粘接性。

(3) 表面化学处理:可以选用稀酸、碱或氧化剂等进行处理。这种处理方法在金属中用得较多,不仅可以除去金属表面的锈蚀,也可以使金属表面形成一层致密、坚固、极性高的氧化膜,使胶粘剂润湿表面容易,显著地改善粘接强度。

用氧化剂如高锰酸钾等进行表面氧化的方法也常用于表面极性基因小的聚合物。如聚乙烯、聚丙烯、氟塑料或橡胶制品,可以使需粘接物的表面形成极性基团,提高表面的自由能和浸润性及材料的粘接强度。

用电晕放电或火焰处理等使高分子材料表面极化,产生极性基团。其效果同氧化法相似,是一种表面的物理处理方法,常用于难粘塑料制品的表面处理。这种处理方法操作简单,效果好,但要求有专用的设备。

5.5.2 胶粘剂的涂布

胶涂剂的涂布要做到平整、均匀,否则会由于固化时收缩不均匀,在接口产生内应力。生产上最常用的是刷涂法,平面零件可用辊涂法,薄胶层涂布宜用喷涂法,热熔胶的涂布需采用热熔枪等。

5.5.3 胶粘剂的固化

涂布了胶粘剂的材料要迅速把它们粘合到一起,用夹具很好地固定起来。然后根据胶粘剂的条件在室温或高温下进行固化。含有溶剂的胶粘剂要尽可能使溶剂挥发后,再将断口粘合在一起。例如,自行车轮胎涂胶后一般要放置5分钟左右,等溶剂全部挥发后才能粘合,否则会影响粘接的牢度。极大多数热固性胶粘剂如环氧胶等虽然都能在室温下固化,一般放置0.5小时后,胶粘剂就不会流动,2小时后就基本固化,但粘接强度仍较低。一般需24小时才能完全固化,放置二三天后强度达到最高。

5.6 胶粘剂的应用

5.6.1 人造板材

木材是重要的建筑材料。木材有一个很重要的特性,即沿木纹的纵向强度要比横向强度大好多倍,这就是木材的各向异性。同时木材的纤维组织很容易吸水,产生翘曲变形。如将木材切成薄片,按纹理的纵横交错粘接起来,做成胶合板,就可以提高木材性能,增加应用范围。将木屑、刨花和锯末等与胶粘剂混合压制成各种木屑板、纤维板、刨花板或复合板等型材,使废物得到利用。把小碎木块用胶拼接起来,做成细木工板,再把这些板加工成家具,粘贴上装饰板,十分美观,而且大大提高了木材的利用率。

木材加工消耗的胶粘剂数量最大,几乎占胶粘剂总产量的50%左右。因此,木材胶的成本成了一个关键问题。脲醛胶、酚醛胶等甲醛缩合系列胶粘剂因为粘接强度高、固化速度快、原料充足、工艺简单、价格低廉而被广泛用于木材加工。

然而,近几年人们发现,这类含甲醛缩合系列胶粘剂在使用的过程中,不断地释放游离态的甲醛,对人的眼、黏膜和呼吸道有刺激作用,还会引起气管炎、皮炎、肝脏病变等。甲醛的危害引起世界各国的高度重视,人们通过加入甲醛捕捉剂、调整配料比、改善聚合方法等实现甲醛的低释放。不过,随着人们环保意识和生活质量的提高,甲醛缩合系列胶粘剂退出历史舞台是不可逆转的趋势。因此,研发新型替代胶种具有重要意义。

5.6.2 医用胶

传统的外科手术缝合和器官组织的止血，不仅操作费时，需替代材料修复，增加手术和组织修补的困难，而且存在组织的炎性反应、感染、增生、破裂，甚至出现组织器官的损伤、坏死和不愈合。

1959年，以α—氰基丙烯酸甲酯为主体的快速粘合剂在美国问世，从而实现了外科手术由缝扎到直接粘合的革命。该类胶粘剂对皮肤有很强的粘合能力，并且基本无毒。其主要用于机体组织粘合和创伤覆盖。目前已广泛应用于妇科、腹腔科、整形外科、神经科、泌尿生殖外科、血管科、胸外科等，有显著的临床效果。

这类快速胶粘剂实际上是由α—氰基丙烯酸酯单体配制而成的，之所以能在瞬间发挥其强粘接作用，是因为在弱酸性物质存在下迅速发生了阴离子聚合反应。蛋白质是生物体中各种细胞的基础物质，是氨基酸的线性聚合物。这类氨基酸是α—氰基丙烯酸酯单体聚合的催化剂，使其在常温下即可快速固化，而且体内的水分可加速这种固化反应。因此，α—氰基丙烯酸酯类具备了迅速胶接生物组织的特殊结构。

1972年，Matras首次用冷沉淀技术提取了高浓度的人纤维蛋白原，加上高浓度的牛凝血酶和血浆中的Ⅷ因子制成粘合剂，用以进行周围神经吻合，并获得成功。其原理是纤维蛋白原在凝血酶作用下转化成纤维蛋白单体，单个的纤维蛋白单体相互交联成纤维蛋白多聚体，增强了凝聚力，从而将神经的近远端粘合在一起，恢复其连续性。之后，人们进行了大量的实验和临床应用研究，使这种兼具止血、覆盖创面和粘合组织功能的医用制剂迅速普及，现已在欧美、日本等国的外科领域得到广泛应用。

与化学合成粘合剂——α—氰基丙烯酸甲酯为主体的快速粘合剂相比，血浆来源的纤维蛋白粘合剂（生物胶）具有良好的生物相容性及生物降解性，不易引起炎症、异物反应、组织坏死或广泛的纤维变性。它不仅可以粘接创面、止血，还可促进创伤愈合。使用后形成的纤维蛋白凝块可在数天或数周内被吸收。它还可以促进血管的生长和形成,以及局部组织的生长和修复。

纤维蛋白粘合剂使用时粘合、止血速度的快慢可以由其中所含凝血酶的浓度来调节。一般有两种浓度:高浓度(500NIH-U/ml)凝血酶可使聚合反应有序、快速进行,适用于快速粘合和止血;低浓度(4~25NIH-U/ml)凝血酶则可大大降低该反应速度,主要用于特殊外科手术中。

纤维蛋白粘合剂的最大缺点是制品存在污染微生物或病毒的潜在危险;另一不足之处是其粘接强度较低,在许多情况下如用于消化道吻合等,仅用其本身的强度显然是不行的,目前常用的方法是与传统的缝合法并用,以提高粘合强度。

5.6.3 压敏胶(即时贴)

压敏胶指无需借助溶剂或热,只要轻轻加压就能与被粘物粘合的胶粘剂。它主要用于制造包装封口用封箱带、文具用的压敏胶带、包装用压敏商标、运输中压敏标签、商品标牌、零件区分和标志等。

压敏胶对各种材料有很好的粘附性,使用方便,除去胶带时不影响被粘物表面状态。通常是用长链线性高分子,加入增粘树脂和软化剂混炼而成。常用的长链线性聚合物有各类橡胶、聚乙烯醚、聚丙烯酸酯等等。增粘树脂有羊毛酯、液体聚丁烯等。

聚丙烯酸酯压敏胶性能优良,它是用各种丙烯酸酯单体共聚或与少量乙烯基其他单体共聚而得到的。这种压敏胶不必加入防老剂,耐油,不迁移,对绝大多数人不过敏(许多人对橡皮膏过敏),对皮肤无刺激(几乎无低分子添加剂)。

压敏胶带除了用溶剂型压敏胶生产外,现在常用乳液型压敏胶,烘干制成胶带,无污染,操作成熟。制压敏胶带可以一面涂层,也可以双面涂层变成双面胶,双面胶两面都要用有机硅防粘纸加以保护。

现在,压敏胶和压敏胶带已在医药、绝缘、日常生活、包装、标志等方面被广泛应用。

第6章 医用高分子材料

6.1 医用高分子材料与它的特殊要求

现代医学发展的一个重要标志是新型医用材料和医疗器械在疾病诊断和治疗中的广泛应用。

医用高分子材料指用于生理系统疾病的诊断、治疗、修复或替换生物体组织或器官,增进或恢复其功能的高分子材料。其研究领域涉及材料学、化学、医学、生命科学。虽已有40多年的研究历史,但蓬勃发展始于20世纪70年代。随着高分子化学工业的发展,出现了大量的医用新材料和人工装置,如人工心脏瓣膜、人工血管、人工肾用透析膜、心脏起搏器,以及骨生长诱导剂等。近十年来,由于生物医学工程、材料科学和生物技术的发展,医用高分子材料及其制品获得越来越多的医学临床应用。

制备医用高分子材料的原材料来源广泛,大致可以分为天然高分子材料、合成高分子材料两类。目前已开发并投入使用的医用高分子材料的原材料分类列于"表6.1"。

表6.1 医用高分子材料的原材料分类

原材料		举例
天然高分子	多糖类	纤维素、淀粉、壳聚糖等
	蛋白质	胶原、明胶、白蛋白等
	特殊组织	羊膜、肠线、猪皮等
合成高分子	非吸收性	硅橡胶、聚氨酯、聚甲基丙烯酸甲酯、聚四氟乙烯、聚乙烯、聚丙烯、聚苯乙烯、聚酰胺、聚乙烯醇、聚乙二醇等
	吸收性	聚乙醇酸、聚乳酸、聚己内酯、聚羟基丁酸、聚碳酸酯、聚酸酐、聚氨基酸等

医用材料在使用中会和人体组织发生直接或间接的接触,材料性质对人体健康有着十分密切的关系。因此对它们提出了许多特殊要求。

体外医用材料,由于只限于体表接触,一般要求它们无毒、无刺激,不会引起皮肤过敏,或产生癌变,材料在消毒过程中不会发生变质等。

体内使用的医用材料,通常会与体内的组织、细胞或血液等发生长时间接触,因而除满足上述条件外,还必须满足下列要求:

(1) 组织相容性。

指机体与外来物的相容程度。机体对外来物的反应即"排异"性,是生物的自然保护功能。材料能否在机体中存在下去,取决于排异性大小,这在于材料自身的化学稳定性以及材料与机体的组织亲和性。另一方面,外来物对机体也会产生影响,如引发炎症、过敏等,应尽量避免这种现象。

(2) 耐生物老化或生物降解性。

人体是一个极其复杂的生理环境。高分子材料在人体中不同位置有不同的介质环境。例如,人体不同器官具有不同的酸碱性:胸腔和肠道是碱性的,血液是微碱性的,而胃液是酸性的。除了血液酸碱性外,血液和体液中有各种离子、蛋白和酶等物质。时间一长,这些因素会引起高分子材料降解、交联或分解破坏等,发生老化。因而长期植入的高分子材料,像人工心脏瓣膜等应有很好的耐生物降解性,这样可以避免定期更换给病人带来的痛苦。

不过对于手术缝合线、接骨材料等植入材料,总是希望它们在发挥作用后,尽快分解、排出体外或被人体吸收,因此要求它们有很好的生物降解性。

(3) 血液适应性。

当材料表面同血液接触后,不会导致血液结构和成分的改变,产生溶血和凝血现象。

此外,还要求医用高分子材料的合成加工过程中原材料和助剂符合医用标准,生产环境达到洁净级别,制品本身的溶出物和可渗出物含量低,有良好的灭菌操作性能等。

6.2 人工脏器

近年来,人们十分重视工人脏器的研究,如在美国,每年有上百万个人工器件植入病人体内,像人工心脏、人工心脏瓣膜、人工肾、心脏起搏器等。

(1) 人工心脏。

心脏病、癌症和脑血管病已成为威胁人类生命的三大疾病,而心脏病居首位,世界每年有数百万人死于心脏病。对严重心脏病的治疗,一是移植他人的心脏,二是移植人工心脏。由于他人心脏来源困难,成功的可能也较小,人们寄希望于人工心脏。

"图6.1"所示为用钛和聚合物材料制成的 AbioCor 人工心脏。美国 FDA 批准此类装置为"过渡移植"装置,而非永久性植入装置。

图 6.1 AbioCor 人工心脏

此设备是气动的,压缩空气使聚氨酯橡胶球式泵腔张合,帮助输送血液。球囊外包一金属钛壳,在钛壳和球囊与血液接触的表面栽植了聚酯纤维。通过手术将此设备安置在左心室顶部(入血口)和主动脉(出血口)之间,压缩空气管从胸腔和腹部引出。

(2) 人工心脏血泵。

人工心脏的关键组成是血泵。制作血泵的材料有：加成型硅橡胶、甲基硅橡胶、聚氨酯、聚醚聚氨酯、聚四氟乙烯织物、聚酯织物、聚硅氧烷和聚氨酯的嵌段共聚物等。临床上认为最好的应当是具有微相分离结构的聚氨酯嵌段共聚物，以及引入亲水聚合物的微相亲水疏水分离的聚氨酯嵌段共聚物。但聚氨酯长期植入后会引起血液中钙沉积，钙化易引起泵体损伤，这个问题目前并未彻底解决。

（3）人工心脏瓣膜。

制备人工心脏瓣膜一般由支持框架、底部转轮圈和活门三个主要部件组成。支持框架和底部转轮圈要求有一定的强度，一般用金属制造，但必须覆盖高分子抗凝血材料，即用形成内膜的涤纶或聚四氟乙烯织物包覆金属才可能实现。活门材料要求有相当好的耐磨性和抗老化性能，而且尽可能轻。聚四氟乙烯和硅橡胶是较合适的材料。

（4）人工肾。

所谓人工肾就是利用高分子材料或生物活性物质承担透析过滤和解毒作用，代替肾脏使血液中代谢的有毒物质排出体外或转化为无毒物质。人工肾根据其功能可以分为3种类型：透析型、过滤型和吸附型。其中透析型占绝大部分。

① 透析型。

临床上透析型人工肾有平板型、盘管型和中空纤维型。目前基本上使用中空纤维型。一般由外壳、透析膜、支承片组成，外壳和支承片材料要有一定强度，常用ABS或尼龙、聚乙烯或AS共聚物注射成型，空心纤维透析膜与外壳之间用聚氨酯密封。用作透析膜的主要材料有铜氨人造纤维（再生纤维）、醋酸纤维素、聚丙烯腈、聚碳酸酯、聚砜、聚甲基丙烯酸甲酯等。其中铜氨纤维素膜用量最大。

② 过滤型。

过滤型人工肾采用过滤膜，依靠流体静压作为推动力，使血液中水和代谢废物通过有效过滤而除去。过滤膜上的微孔要稍大于透析膜，使有效过滤面积大。可作为过滤膜的高分子材料包括聚砜、PMMA、聚醋酸乙烯纤维素、聚酰胺等。

③ 吸附型。

用吸附剂把血液中的代谢废物吸收除掉。所用的材料为活性炭或球形炭化树脂。用合成离子交换树脂的苯乙烯—二乙烯共聚的球形树脂(白球)，经浓硫酸处理后，裂解炭化得到球形炭化树脂。其对尿酸吸附率达98%，对肌酐吸附率达99%以上，还能吸附活性炭不能吸附的血清胆红素。

一般慢性肾功能衰竭患者用透析型人工肾进行血液处理，每周进行3次，每次要几小时。如果为提高透析效率增加透析膜的传质面积，就会使血液与异物接触的机会增大，使血球受损的机会增多，同时还会出现因为细胞内液、细胞外液、脑脊髓液的组成及渗透压变化引起的头痛、呕吐、全身疲倦感即所谓"不均衡症群"。用血液过滤法虽能够提高血液处理的效率，但为了进一步缩短血液中毒处理时间，可用吸附型人工肾。其装置更加简单，对血液中毒的及时抢救，如重症安眠药中毒、有机磷农药中毒等十分有效，但对于慢性肾功能衰竭患者必须与透析器或过滤结合使用。

(5) 人工胰脏。

人工胰脏是以移植的异体或动物胰岛为基础开发的生物学新材料。胰岛是胰脏内分泌胰岛素的细胞群，胰岛分泌的胰岛素是控制糖尿病的重要激素。为了避免排异反应，人工胰脏所用的活性胰岛表面覆盖一层高分子膜，这层膜能允许胰岛素向膜外渗透，阻止淋巴细胞、巨噬细胞和抗体进入膜内而引起免疫排异损伤，起到免疫隔离膜的作用。已研制成功并埋入人体的有空心微粒型、盒式扩散型人工胰脏，近年来又开发了中空纤维型人工胰脏，其性能更好。

6.3 修复用高分子材料

由于先天、疾病或意外受伤等原因，有许多人的外貌等方面受到不同程度的损伤，给日常生活带来影响。用高分子材料修复可以减轻或消除他们的烦恼。例如，硅橡胶具有与软组织类似的弹性，可用来代替肌肉和软骨，用来矫正塌鼻或损伤、修补外耳缺损、修补下颌等均取得很好的效果。硅橡胶还可以用于胸部整容，可以达到外形逼真的效果。常用的修复用高分子材料还有：

(1) 人工角膜和隐形眼镜。

角膜是眼球的重要部分。由于角膜上没有血管，需要通过泪液从空气中获得氧气。因而，制备人工角膜和隐形眼镜的材料需能透光、透氧和具有较好的亲水性。

用于制造人工角膜或隐形眼镜的材料有硬质和软质两种。

硬性接触眼镜用透光性好的聚丙烯酸酯类树脂制成，如有机玻璃。缺点是透氧性和吸湿性较差，所以不允许带着睡眠，以减少对角膜的损伤。改进产品有甲基丙烯酸硅烷酯。

软性接触镜是用亲水性高分子的水凝胶制成的，水凝胶是一种类似于果冻一样含水的高分子材料。常用亲水性聚合物有聚甲基丙烯酸羟乙酯、聚乙烯吡啶等，这种镜片可以紧贴角膜，比硬片舒适。但透氧率仍不高，睡觉前仍需取出，浸在专门的消毒水中，以防细菌生长。

比较先进的是可以连续配戴 30 天不用摘、不用洗的抛弃型隐形眼镜，由美国博士伦公司推出。镜片的材料是由硅橡胶和亲水性塑料混合而成，透氧性和吸湿性均较好。由于采用了特殊工艺，镜片表面是亲水性的。

(2) 人工皮肤。

人工皮肤的主要作用是防止水分和体液从创面蒸发或流失，预防感染和肉芽上皮细胞逐步成长，促进治愈。因此对人工皮肤的主要要求是：有类似皮肤的柔软性、润滑性、透湿性；与创面组织能贴紧，具有相容性，但治愈后又易脱落；防止创面水分和体液损失，并具吸收渗出液的特性，无毒、无刺激，不引起免疫反应，易于消毒和保存。

临床常用两种形式：一种是织物型，一种是薄膜型。织物大多采用尼龙、聚酯、聚丙烯纤维织成丝状织物，上面再涂布硅橡胶或聚氨基酸；薄膜材料一般是聚乙烯醇、聚氨酯、硅橡胶、聚乙烯、聚四氟乙烯多孔膜等。

由硅橡胶和尼龙纤维复合制成的人工皮，已较成功用于三度烧伤。在硅橡胶或复合硅橡胶膜上加上多孔胶原软骨素，或微孔甲壳素复合膜、多肽膜与尼龙丝绒复合膜等，均具有许多优点，超过单纯的高分子材料。

(3) 牙科材料。

当细菌蛀蚀牙齿引起牙体缺损，就会形成龋齿。龋齿早期治疗主要是对蛀牙直接填充修补，所用的材料称为"牙冠充填材料"。含亲水基、芳香基的聚丙烯酸酯类是修补龋齿的主要材料。其优点是体积收缩小，修补牢固，不易脱落，色泽与牙齿相似。

PMMA 常用来制作假牙或牙托材料。在牙托基表面涂上硅橡胶成为吻合的软衬垫，不仅增加了舒适感，而且提高了咀嚼能力。具有高抗冲性能的聚砜可作为种植牙材料。

6.4 高分子医疗用品

(1) 一次性医疗用品。

一次性医疗用品有注射器、输液袋、输液管、医用手套、导管等。为了保证使用安全，必须使用医用级塑料，因为它们不含有对人体有害的添加剂。这些用品制成后，在使用前按规定应进行消毒。

以医用导管为例。它是一种高分子材料制成的中空的管子，长度约 1m，直径约 3mm，外形同普通的橡皮管差不多，都是诊断疾病和进行非切开性手术治疗的重要器材，如心脏导管、呼吸导管等。心脏导管主要用于心脏病的诊察和治疗；呼吸导管可以帮助病人呼吸，抽取呼吸道中的痰等；食道导管是常用的食道给药和消化道手术后病人饮食的工具等。通用一次性高分子医疗用具的种类和材料见"表 6.2"。

表 6.2 通用一次性高分子医疗用具的种类和材料

种类		材料	特性
输液器、输液袋		软质聚氯乙烯、聚丙烯、聚乙烯等	柔软性、密闭性
输血管、输血袋		软质聚氯乙烯、聚丙烯、聚乙烯等	血液相容性
导管	营养导管 血液导管 尿道导管	软质聚氯乙烯、聚乙烯、尼龙、聚氨酯、聚四氟乙烯、天然橡胶等	柔软性、 血液相容性
注射器		聚丙烯、聚(4-甲基戊烯)、苯乙烯/丁二烯共聚体、天然橡胶等	透明性、高强度
口罩、工作服		聚乙烯或聚丙烯无纺布	价格便宜、使用方便

(2) 医用绷带。

骨折的外科治疗最常用的方法是用绷带和夹板把骨折的部位包扎起来,然后用石膏作进一步的固定,以保证骨折的部位不会移动。石膏固定的时间通常要一个月以上,这样才能使骨头愈合。病人用这种传统的治疗方法所要承受的痛苦是可想而知的,特别是炎热的夏季,石膏包裹部位的汗水不能排泄,常常会引起炎症。

新型的高分子绷带材料是在纱布上浸渍了由异氰酸酯封端的聚氨酯预聚体制成的,平时在铝箔复合薄膜制成的包装袋中密封保存。使用时,将这种材料先在水中浸润一下,然后一层层缠在患者需要固定的部分。在水的作用下这些预聚体很快反应,生成聚氨基甲酸酯,并形成交联结构。柔软的纱布会变得同铁板一样硬。这样就把骨折的部位固定起来了。由于医用纱布织得非常疏松,纱与纱之间有很大的空隙,使空气容易流通,体内的汗液也容易散发。因此使用这种绷带患者不再有闷热的感觉。不仅如此,这种自硬化绷带重量轻、厚度小,也利于患者肢体的移动。

6.5 高分子药物缓释放与送达体系

药物必须定时服用,如抗生素药物必须每隔 4 小时服用,这是因为药物在血液里要达到一定浓度才能有疗效。而通常人在服用药后,数十分钟内血液中药物含量会迅速达到最大值,甚至短时间超过中毒浓度,对人体造成毒副作用。另一方面由于肾脏的排泄作用,药物在血液中的浓度又很快下降,并低于治疗的有效浓度,于是又必须再次服药。

将药物包裹在高分子膜或微胶囊中,药物通过膜两侧的浓度差和渗透压差而缓慢释放到体内,可以达到最佳疗效。例如,用聚甲基丙烯酸甲酯膜对药片进行包衣后,它们能使所包裹的药在很长时间里定量释放。

微胶囊是一种粒径为 $1um \sim 1\,000um$ 的高分子微球,里面包裹药物。将避孕药用硅橡胶制成微胶囊可以直接植入子宫,药物则会缓慢释放,有效期达三年之久。由于药物不会流失到其他部位,所以,毒副作用很小。

如今,人们正在研究可以自动调节的释放药物。例如,糖尿病患者血液中糖(葡萄糖)浓度甚高,如以胰岛素促进组织吸收血糖,可使血糖降低,但血糖过低又会危及生命。于是人们提出一种"智能用药"的概念,它设想有一种智能性的材料可以感知需要药的用量和需要与否,它以感知疾病引起的化学物理变化为信号,反馈药物的释放、释放量和终止释放。以胰岛素为例,胰岛素的释放与糖浓度有关,采用多孔的聚甲基丙烯酸羟乙酯、再生纤维素或聚偏氟乙烯等与胰岛素制成智能型微胶囊,当糖浓度增高 10 倍时,胰岛素从这些微胶囊中迅速释放,迟延时间小于 $10min$;而当糖浓度正常时,释放速率立即减小而且迟延。

药物缓释放有时需要进行部位控制(靶向),也就是将药物送到特定脏器或病患部位。例如,有些药物要在胃中起作用,需要在酸中(胃酸 $pH=1\sim2.5$)缓解的高分子作包衣和缓释包衣(胃溶片),如聚乙烯吡啶、羟氨基烃基纤维素、聚甲基丙烯酸氨基酯、聚氨基甲基苯乙烯等等;有些药物要在肠道里溶解吸收,却对胃有刺激,使人产生恶心,因此,需要用在胃酸环境中不溶解而到肠道环境(十二指肠 $PH=5\sim7$、回肠 $PH=8$)中溶解的高分子作包衣,如乙酸乙烯琥珀酸酯、聚乙酸乙烯酯－邻苯二甲酸和顺酐共聚物、丙烯酸酯共聚物、苯乙烯－顺酐共聚物等等。

靶向给药体系,也可以利用物理导向(如磁导向),制成磁性高分子微胶囊进行控制。

此外,粘贴型缓释药物也有独到之处。如一种治疗心绞痛的粘贴型缓释药物,就是将 N－(2－羟乙基)与酰胺硝酸酯和丙烯酸酯类胶粘剂混合后在聚乙烯膜上铺展后制成的。将它贴在心脏部位,经皮肤吸收后,能有效防止心绞痛的产生,且其作用集中,使用非常方便。

第 7 章　功能高分子材料

7.1　感光树脂与光刻胶

感光树脂是指具有感光性质的高分子材料。高分子感光现象是指高分子吸收了光能量后，分子内产生化学的或结构的变化，如降解、交联、重排等。吸收光的过程可能是借助于光敏剂，当光敏剂吸收光能后再引发高分子的化学变化。

感光树脂主要是根据照相制版术的需要而发展的，所以用于照相制版的感光树脂称为"光致抗蚀剂"或"光致抗蚀材料"。

感光性高分子的研究可追溯到 1813 年。当时法国 Niepce 研究了沥青的光固性，将沥青涂在石板上，放进照相机中，曝光后以松节油揩去未固化的沥青而得到图像。20 世纪以来，感光高分子研究与应用获得了迅速发展。

感光高分子作为光致抗蚀材料最重要和最有前途的应用是制造大规模集成电路，工业上称为"光刻胶"。"图 7.1"为集成电路光刻示意图。

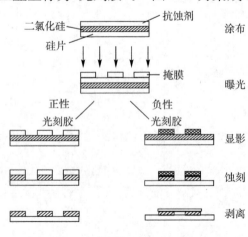

图 7.1　集成电路光刻示意图

首先在硅片基材上氧化或沉淀一层 SiO_2，并在其表面涂一层光刻胶，烘干后，在上面贴上一块绘有电路图案的掩膜（相当于照相底片，然后将其置于一定波长和一定能量的光或射线进行照射），使光刻胶发生化学反应，被曝光的部分发生聚合或交联（负胶）变得不溶，或发生分解（正胶）变得可溶，用溶剂把可溶解的部分溶解，即在硅片上留下光刻的图案。在同一硅片上，通过多次这样的刻蚀，一块大规模集成电路就制备出来了。一般要经过30~40道工序。

光刻胶分正性和负性两类。正性光刻胶在光照时会发生分解，即是掩膜透光的部分。用溶剂溶解后，未溶解部分的图案同掩膜的图案完全一致。负性胶在光照时发生聚合或交联反应，溶剂处理后留下的部分是掩膜透光的部分，其图案和掩膜图案正好相反。属于正性光刻胶的有重氮盐、邻重氮醌等化合物，属于负性胶的有丙烯酸酯、肉桂酸酯、叠氮类等树脂。

7.2 塑料光纤

一般通讯用的光导纤维主要由纤芯和包覆纤芯的包层两部分构成。无机光导纤维的纤芯是由非晶态的石英玻璃制成，而光纤的包层则是由高硅玻璃制成，它的折射率比纤芯的折射率低，以减少光的散射。为了保护光纤表面不受损伤，往往要包覆一层薄薄的保护外套，一般是采用聚合物树脂。

光导纤维在传输时，光线从光纤的一端入射，进入纤芯层传播。由于光线是直线传播的，在光缆转弯处，光线进入纤芯与包层的界面并发生折射。包层的折射率比纤芯小，光线在包层的界面产生全反射，使光线重新回到纤芯。纤芯与包层的界面就像可以把光全部收拢在纤芯中的一个光壁，使入射光经纤芯传输到光纤的末端。

石英光纤的透光率高，光能损耗小，是十分理想的光纤材料。但是石英光纤的价格高，加工困难，光纤的焊接难度也很高。因此，人们开始研制用塑料光纤来取代石英光纤。因为塑料的透光性高，如有机玻璃的透光性可以同光学玻璃媲美，而且，塑料的价格低、韧性好、加工容易。

作为通讯用塑料光纤，其纤芯和包层材料必须是一些高纯、超净、传光损耗低的无色透明的高分子材料。因此，材料的制备必须在完全密闭、净化的系统中进行。聚合过程要尽可能少地引入其他试剂，包括聚合反应所必需的引发剂。反应常采用本体聚合，并用辐照来引发聚合反应。为了减小二次污染，反应得到的聚合物需要直接纺丝制成光纤。

用于制作纤芯的高分子材料主要有：聚甲基丙烯酸甲酯（有机玻璃）和其氘代产物、聚苯乙烯及其氘代产物、聚碳酸酯（防弹玻璃）等。其中氘代有机玻璃的传光损耗量低，是最佳的塑料光纤芯材。

用于制作包层的高分子材料主要有：聚甲基烯酸酯、聚四氟乙烯、含氟丙烯酸酯等。折射率较低的含氟丙烯酸酯类具有憎水、憎油的优点，特别适合制作塑料光纤的包层材料。

光损耗是衡量光纤透光程度和传输质量的重要标志，其数值与入射端和射出端的光强度比值的常用对数值成正比。通常用 1km 长光纤的光损耗值来表示，单位是 $dB \cdot km^{-1}$。

有机光纤的光损耗比石英纤维要高得多，有机玻璃塑料的光损耗在波长为 $0.3\mu m \sim 0.6\mu m$ 时较低，在 $0.6\mu m$ 时最低，但也还高达 $20 \ dB \cdot km^{-1}$。因此，目前主要用于短途通讯，例如，车船、飞机和舰艇的内部通讯，以及电磁和接地电流干扰大的工业厂区范围内的通讯。此外，塑料光导纤维数据测量和光电控制设备中也得到广泛的应用，如开关、仪表盘的照明、光纤显示器、道路标志、装饰照明等。

由于光纤柔软可以任意弯曲，使用十分方便，因此，在医疗器械中也得到广泛应用。例如，消化科医生用的内窥镜就是用光纤来传送光线和图像的，使医生能看清病人胃部的病变。牙科医生也用塑料光纤传导的紫外线来固化补牙的树脂。

7.3 导电高分子材料

导电高分子材料可分为结构型导电高分子和复合型导电高分子两大类。结构型导电高分子又分为电子导电结构型导电高分子和离子导电结构型导电高分子两类。

结构型导电高分子材料是高分子本身的结构或经过一定的掺杂处理后具有导电功能的材料,如聚乙炔、聚苯乙炔、聚苯胺、聚吡咯、聚对苯硫醚等均属于结构型导电高分子材料。复合型导电高分子材料是以聚合物为母体,经过与抗静电剂、无机导电填料或亲水性聚合物混配而成。

根据现有的技术,使普通绝缘有机高分子导电的方法主要有三种:① 将金属、导电炭黑或导电纤维与普通绝缘高分子混合制成填充型导电高分子材料;② 通过高温裂解的方法将普通高分子材料石墨化制成半导体材料;③ 采用新型具有共轭结构的本征型导电高分子。

7.3.1 本征型导电高分子材料

由于本征型高分子成本较高,所以,其应用受到限制,但它具有许多独特的光电性能,适用于许多独特的应用领域。

(1) 金属防腐蚀。

导电态聚苯胺可防止低碳钢的腐蚀。火箭发射塔在发射过程中会产生大量盐酸雾,普通的防腐涂料难以有效防止发射塔内壁在高温酸雾下的严重腐蚀。将聚苯胺涂在火箭发射塔的内壁,可以起到防腐作用,解决了这一难题。聚苯胺防腐涂料的出现使导电高分子涂料变得十分有应用价值。

(2) 印刷电路板。

印刷电路板工业中,需要在绝缘的基底上镀金属铜,普通镀铜方法不仅过程复杂,而且由于使用了 Pd 等贵金属及甲醛,导致成本高、存在环境污染问题。将导电高分子如聚苯胺、聚吡咯通过聚合方法沉积在绝缘的尼龙聚酯薄膜上,继而通过电化学法将铜镀在导电高分子层上,初步解决了印刷线路电镀的难题。如能进一步改善导电高分子层与金属层、绝缘层的粘结性,将有可能引起印刷电路板工业的革命。

(3) 导电高分子传感器。

导电高分子可应用于传感器上,如在吡咯的电化学聚合的同时,将葡萄糖氧化酶固定在聚吡咯上,葡萄糖氧化酶使葡萄糖氧化分解时产生的过氧化氢,可提高聚吡咯膜的电导率。因此,通过检测聚吡咯膜的电导率的变化就可以测定血液或其他溶液中葡萄糖的浓度。由于该方法简单且灵敏度较高、成本较低,因此,医学上可用于制备葡萄糖检测器。

另外,通过建立某种气体与聚苯胺或聚吡咯膜作用引起的电导率变化规律,可用于检测空气中 NH_3、H_2S、SO_2 等有害气体,以及战场上的毒气和战车尾气。但目前检测灵敏度仍有待提高。

7.3.2 复合型导电高分子材料

复合型导电高分子材料是目前应用最为广泛的导电高分子材料,虽然技术含量较低,但它已被广泛应用于工农业生产的各个方面。

目前,复合型导电高分子的制备主要有三种方法:一种是将塑料同导电的填料在加工时均匀地分散混合在一起;另一种方法是将高分子材料同导电的编织材料如金属网、碳纤维网层压在一起;第三种方法是在塑料表面镀上一层金属的导电材料。

复合型导电高分子中起载流作用的是导电填料,合成树脂只起支撑作用。其主体材料可以是塑料、橡胶、涂料或胶粘剂,相应的产品就称为"导电塑料"、"导电橡胶"、"导电涂料"和"导电胶粘剂"。常用的导电填料有抗静电剂、石墨、炭黑、碳纤维、金属粉、金属箔片和金属纤维等。其中抗静电剂是一种表面活性剂,本身的导电性能并不好,但它的分子中含有较多的极性基团,有一定的导电作用和降低摩擦的作用,可以抑制电荷的产生;其他的几种填料都具导电性,是实实在在的导电材料。

复合型高分子导电材料的导电性能可通过改变导电填料的品种和用量来调节。复合型高分子导电材料的主要应用见"表7.1"。

表 7.1 复合型高分子导电材料的应用

材料种类	电导率 $S\cdot cm^{-1}$	高分子树脂	导电填料	应用举例
半导体材料	$10^{-10}\sim 10^{-7}$	塑料、橡胶	金属氧化物粒子、抗静电剂	复印用电极板、静电记录纸、感光纸、纺织材料、家用电器外壳、矿用电气用品、仪器外壳
防静电材料	$10^{-7}\sim 10^{-4}$	塑料、弹性体	抗静电剂、炭黑	集成电路用搬运箱、托盘、包装袋等;传送带及软管、导电轮胎、防爆电缆
弱导电材料	$10^{-4}\sim 10^{-2}$	塑料、硅橡胶	炭黑	发热器件、高压电缆的过渡层、导电薄膜、弹性电极、导线接点
导电性材料	$10^{-2}\sim 10^{3}$	塑料树脂、硅橡胶	金属纤维、银、铜、炭黑、石墨等	电磁波屏蔽材料、导电涂料、导电胶、接线柱垫圈

[小知识] 导电高分子的发现

长期以来,高分子材料由于具有良好的机械性能,作为结构材料得到了广泛的应用。关于电性能,人们一直只利用高分子材料的介电性,将其作为电绝缘材料使用,直到它的导电性的发现。1974年,Sherakawa(白川英树)等偶然发现了一种制备聚乙炔自支撑膜的方法,这种聚乙炔薄膜不仅具有优良的力学强度,还有明亮的金属光泽。这一历史发现引起美国MacDiamid和Heeger教授的重视,他们于1977年合作,发现这种聚乙炔经过A_5F_5掺杂后电导率提高了13个数量级,达到$10^3 S\cdot cm^{-1}$,表明这种有机高分子是可以导电的。在以后的几年里,他们相继合成了聚对苯撑、聚吡咯等本征型导电高分子,并研究了新的物理现象,从而形成一门新兴学科——本征型导电高分子(intrinsically conducting polymer,简写为 ICP)。Heeger,MacDiarmid 和白川英树也因此获得 2000 年诺贝尔化学奖。

7.4 磁性记录材料

在 20 世纪的信息技术发展中,磁性记录材料扮演了一个非常重要的角色,它能把声音、图像和各种信息记录下来,并使之再现。磁性记录材料主要有磁带、磁盘、磁卡、磁鼓等应用形态,广泛用于通讯、广播、电视、教育、宇宙空间技术、军事等领域。

磁性记录材料是在各种底材上涂布磁性涂料制成的,由作为填料的磁粉、高分子成膜基料、助剂及溶剂组成,具有高记录密度、高灵敏度和高度稳定性等特点。

作为填料的磁粉在磁性涂料中的固体含量高达 70% 左右,它决定了磁性记忆材料的质量。成膜基料也是一个关键组分,它决定磁性涂层对底材的附着力和耐磨性能,因此,成膜基料的成膜性能和对磁粉的分散性要好。此外,涂料的流平性和耐热性要好,润滑和导电性能要优良。目前任何一种树脂都很难全部满足上述要求,因此,一般采用多种树脂的混合体系。

不同品种的磁带所用的成膜基料是不一样的。如录音磁带主要选用乙烯类树脂,美国、日本多半使用氯乙烯—醋酸乙烯—乙烯醇共聚物、偏二氯乙烯—丙烯腈共聚物、丙烯酸或甲基丙烯酸及其衍生物的共聚物等;录像磁带、计算机和仪器磁盘主要选用聚氨酯、聚苯醚树脂和环氧树脂。

7.5 高分子膜与家用净水器

城镇居民饮用的自来水从水池出来后,要经过漫长的输水管道、水箱进入家庭，会导致水的二次污染。特别是屋顶水箱长期得不到清洗，存积的污垢日趋严重，对居民的健康带来不利的影响。为了提高饮用水的水质，从 20 世纪 80 年代开始，在日本首先出现了家用净水器。

早期的家用净水器是采用颗粒活性炭来吸附和过滤水中的污染物进行净水的。这种净水器结构简单，售价较低。活性炭是一种多孔的、具有高吸附能力的物质，能吸附水中的污垢和无机的胶体粒子及可溶性物质，还能除去水中的色素、异味和重金属元素；对氯气和有机氯化物等也有一定的吸附作用。

但是，这种净水器使用后，被活性炭吸附的有机物会成为细菌繁殖的温床，使用一段时间后，净水器中的细菌会大大增多，并由于细菌对有机物的作用产生大量的亚硝酸盐，如不及时更换净水器的滤芯反而会对人们的健康带来不利的影响。虽然也采用吸附和再生能力更高的活性炭纤维，但效果都不理想。而且随着水污染现象的日趋严重，单一功能的活性炭与膜分离技术结合在一起的复合型净水器，便成为净水器发展的主流。

高分子膜是具有分离功能的高分子材料。用膜来分离物质一般不发生相变，不耗费相变能，同时还具有较好的选择性，因而是一种能耗低、效率高的分离材料。用于制备高分子膜的材料一般有乙酸纤维素、聚芳酰胺、聚砜等。以分离方法来区分，高分子膜可分为反渗透膜、超滤膜、微滤膜、纳滤膜、离子交换膜、气体分离膜等。

微滤（MF）、超滤（UF）和反渗透（RO）膜在复合型净水器中都有应用。前两种膜分离过程可在自来水的压力下工作，一般不需再安装加压泵；反渗透需在高压下工作，因此 RO 净水器都配有专门的压力泵。

所有这类复合型净水器的结构都是相似的。通常包括预过滤、活性炭吸附和膜过滤器三部分。预过滤器采用聚丙烯超细纤维熔喷滤芯或聚丙烯无纺布折叠滤芯，以去除水中的悬浮物，如泥沙、铁锈等；活性炭用于吸附和去除水中的异味、色素、氯气、重金属元素和有机物等；最后一级膜分离器可将水进一步净化，使达到饮用水标准。具体选用哪一种,需根据自来水的水质而定。例如,微滤膜过滤器可去除水中的细菌和藻类;超滤可进一步除去胶体、病毒和可溶性的高分子量有机物;纳滤可除去相对分子量在 300 以上的有机物和高价的盐类;反渗透膜则能将水中几乎所有的有毒有害物质(包括一价金属离子在内)都去除掉。相对而言,RO 法的净水效果最好,得到的纯水水质最好,甘醇可口;但此类净水器工艺复杂,价格较高,且水的利用率也很低,仅为 20%~30%。因此,在大多数情况下,采用纳滤和超滤膜的净水器已完全能保证饮用水的质量。

第8章 绿色高分子材料

8.1 绿色高分子概念

随着高分子工业的发展,高分子材料的用量与日俱增。高分子材料的大量生产与消费,同时也带来大量废弃物的产生,世界每年产生的塑料废弃物约是其产量的60%~70%,橡胶废弃物约是其产量的40%。这些高分子材料废弃物由于不能自然降解、水解和风化而带来环境污染问题,如年复一年残留于耕地的农膜和地膜,不仅造成土地板结、妨碍作物根系呼吸和吸收养分、使作物减产,而且残膜中的某些有毒添加剂和聚氯乙烯,会先通过土壤富集于蔬菜、粮食及动物体,人食用后直接影响人类健康。另一方面,制造高分子材料所用原材料的70%以上来源于石油。以生产1公斤高分子材料平均消耗石油3升估算,年产700万吨高分子材料废弃物就意味着每年浪费了21亿吨石油。因此,进行有机高分子材料生态设计与再生利用是人类生存环境的需要,也是高分子材料能否得到长足发展的关键。

20世纪90年代,人类先觉者们提出"绿色高分子"的概念,此词来源于绿色化学与技术,是指在高分子材料制造、应用、废弃物处理中,对环境无害与环境友好的意思。如何不污染环境地处理掉不能被环境自然降解的废弃高分子材料,如何开发利用可环境降解的高分子材料,是高分子绿色化工程中的两大关键课题。

8.2 绿色高分子材料的设计与"零排放"

绿色高分子材料,也称为"生态高分子材料",不仅涉及"生态化学"(主要指原料和高分子聚合过程),而且涉及生态生产(主要指生产环境)、生态使用、生态回收和再生利用,以及残留在生态环境中可能产生的深远影响等。

在设计绿色高分子材料时,可遵循以下原则:

(1) 在生命周期内应具有对环境冲击负荷低、生命周期长、低成本的基本特点。

(2) 由环境材料制得的制品不仅在其生命周期内应与环境友好,而且作为制品终结生命后,应具有多次利用或易再生利用的特点,应能通过反序加工技术或还原技术还原成原料。

(3) 应具有低成本回收或低成本再生资源化的特点。

"图 8.1"是日本三菱电机公司进行绿色高分子材料制品设计和加工的情况。

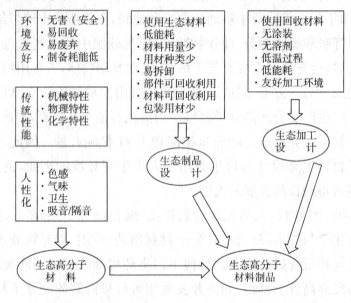

"图 8.1" 环境友好的绿色高分子材料制品设计

绿色高分子在从"生"(即原料的选择、合成与成型加工过程)到"死"(即使用过程、最终的焚烧)的整个生命周期中能节约资源和能源、"零排放"、易回收再生利用、不对生态环境中产生负面"深远影响"。高分子材料的"零排放"主要指三个方面:

(1) 绿色高分子所用原料应百分之百地转变成产物,不产生副产物或废弃物,实现废弃物的"零排放"——即材料合成过程中的零排放。为此,一是开发天然高分子材料的应用,如各种植物(如天然橡胶、纤维素等)、动物。二是开发新原料或新工艺,如环氧丙烷是生产聚氨酯泡沫塑料的重要原料。传统上主要采用二步反应的氯醇法,不仅使用危险的氯气,而且产生大量含氯化钙的废水,造成环境污染。现在国内外均在开发用钛硅分子筛催化氧化丙烯制备环氧丙烷的新方法。又如,国外还开发了由异丁烯生产甲基丙烯酸甲酯的新合成路线,取代了以丙酮和氢氰酸为原料的丙酮氰醇法。

(2) 高分子材料制品成型过程中不产生废品或下脚料——即材料成型加工过程的零排放。为此,更多地采用自动化成型技术,如尽量采用挤出和注射成型。

(3) 高分子材料制品完成使用价值后,废弃物能就地或异地转变,无毒地回归大自然或进入再生工程——即废弃物的零排放。为此,应开发高分子材料回收利用新技术和完全降解技术,或利用容易回收的单纯材料代替多相体系的材料,或减少金属嵌件的高分子材料复合制品等。

8.3 环境惰性高分子材料的循环利用

环境惰性高分子即在环境中不能自然降解的高分子。当环境惰性高分子材料失去使用性能成为废弃物时,若不进行处理,会对环境造成危害。因此,积极合理地进行废弃物的回收利用是一项十分有意义的工作。目前,处理环境惰性高分子的废弃物有三种处理方法。

(1) 土埋法:由于高分子不易降解,往往埋上几十乃至几百年依然存在,且占用大量土地。这对于像我国这样地少人多的国家,此法很不适合。

(2) 焚烧法:普通焚烧会产生大量有害有毒气体和残渣,严重污染环境,是环保不能允许的,即便用各种先进的焚烧炉,高温高压下($>1200℃$,高于 $10^5 \sim 10^6 Pa$)焚烧,虽然能将废弃物全部转化为可利用的能量,但投资大,且焚烧中仍有废气污染环境的隐患,因而此法也不完美。

(3)废弃物的再生与循环利用法:废旧高分子材料也是自然界的一种资源,通过适当加工处理,既可以变废为宝,又可以节约石油资源,减少对环境的污染。因此,该法是最符合绿色高分子概念的方法。

8.3.1 高分子材料废弃物的来源

由于高分子材料的优越性能,使它应用甚广,加上高分子材料种类繁多,制品多样化,因此造成高分子材料废弃物的来源复杂,给回收利用带来一定的难度。

高分子废弃物的来源主要有:

(1)树脂生产中的废弃物。

树脂生产过程中往往会产生一些废树脂或副产物。如聚丙烯生产过程中的副产物——无规聚丙烯(APP),在合成中未达到指标的产品、在反应釜中形成的附壁料、成品包装及运输过程中的落地料等等。严格地说这部分废树脂或副产物数量比较少,回收也比较容易。

(2)制品生产厂的废弃物。

制品生产厂将树脂经过某种方法成型为制品,在这一过程中,不可避免地出现一些废品、边角料、试验料。如注射成型制品中的料把、飞边;压延及热成型的切边料;合成纤维熔融抽丝的废树脂和废纤维,试生产的废品等。这些废料无需鉴别分选,而且基本没有污染;废塑料可以破碎以一定的比例加入新料中再成型;废纤维可以重新造粒利用,也可以切断成短纤维加入塑料或橡胶中作为增强材料。

(3)社会上废弃物。

这部分废弃物是指在使用、消费和流通过程中,由于失去原有的性能而丢弃的废物。这类废物是废旧高分子材料的主要来源。

如农业领域的废弃物有:地膜、棚膜、编织袋、输水管等,其中地膜是使用周期短、回收量大、回收难度较大的一类制品;商业部门的废弃物主要有:消费中废弃的制品,如食品盒、饮料瓶等杂品。

(4) 家庭日杂用品废弃物。

大部分为废旧的塑料,如一次性包装袋、饮料瓶,非一次性的日杂品等,往往与其他垃圾混杂,回收较难。目前,北京等城市已经采取措施进行家庭垃圾分类。

8.3.2 塑料的回收与利用

(1) 熔融再生。

熔融再生是将废旧塑料重新加热塑化,制成产品加以利用的方法。但是这种方法只适用于热塑性的高分子材料。热固性的材料是不能熔融再生的。热固性塑料一般只能粉碎成很细的粉末,作为填料填充在塑料中,以降低再生塑料的成本。熔融再生包括分选、洗涤、干燥、粉碎和造粒等五个步骤。

1) 分选。

废旧塑料的分选是塑料再生利用的关键。分选有两个目的:一是彻底清除废旧塑料中混有的金属、沙土、织物等各类杂物;二是把不同品种的塑料分开,因为不同种类的塑料大都是不相混容的,无法将它们混在一起做成产品,必须进行分选归类。分选的方法主要有:

① 手工分选法。可以将热固性树脂同热塑性树脂分开,将塑料与非塑料(如纸张等)分开,将不同颜色的制品分开,将不同种类的制品分开,如泡沫塑料、薄膜、饮料瓶、鞋底等。

② 磁选法。主要用于清除塑料垃圾中的金属杂物。

③ 风力分选法。可以用于分离不同密度的塑料。

④ 静电分选法。利用塑料的静电吸力来进行分选。

此外,还可以利用塑料物理性质的差异,如密度差、温度差来进行分选。据报道,国外有些废塑料加工厂采用红外光谱技术来进行分选,不仅分选的速度快,而且分选的质量也很高。

通过上面的介绍,我们了解到塑料在进入垃圾处理场后再进行分选是多么困难和复杂的事。如果我们在平时扔垃圾时就能够进行分类,后处理就简单得多了。

2) 洗涤、干燥、粉碎、造粒。

废旧塑料通常会不同程度地粘上油污、垃圾和泥沙等,严重影响再生塑料制品的质量。因此,经分选后的塑料还必须进行清洗。

对于一般的塑料可先用温碱水清洗,以除去油污,然后再用清水漂洗干净,晒干或烘干。

废旧塑料的形状和大小不尽相同,不能直接用塑料机械加工。因此必须用粉碎机把它们粉碎成小的颗粒。薄膜制品无法粉碎,常用特殊的机械切碎。

熔融再生的最后一步就是造粒。在塑料挤出机中,将同一品种粉碎的塑料颗粒加入适量的加工助剂,然后挤出、切粒,制成大小均匀的粒子。

经过这样多步处理后所得的再生的塑料粒子就可用于生产各种塑料制品。

(2) 化学再生——热裂解制备化工原料。

塑料的化学再生可以回收燃料油品和单体。

1) 单体的再生。

单体的再生比较适合于高温下只解聚为单体的一类塑料,如PMMA、POM、PA、PET等。而像PE、PVC、PP等通过热解生成的单体比较少。典型的例子是PET的解聚,几乎全是单体。

2) 裂解为低分子燃料油品。

这类热解技术比较适合于无规自由基分解类型的塑料。如PP,PE、PVC等,可分为高温裂解(600℃~900℃)和催化低温分解(低于300℃~450℃)。所采用的工艺主要有油化工艺、气化工艺、炭化工艺、分解挤出工艺等。油化工艺得到的产品主要为汽油、煤油等;气化工艺得到的产品主要为氢气、一氧化碳、甲烷、乙烯等;用分解挤出工艺可以从塑料废弃物中最经济地连续获得低分子化合物。

化学再生可以使用混杂回收塑料,处理量比较大,得到的产品使用价值高,废弃塑料处理次数不受限制。但是要想得到指定的低分子化合物是比较困难的。

(3) 能量回收。

将高分子废弃物制成燃料,使它转化成有用的能源。一般在专门的焚烧炉内进行。回收有两种方式:

1) 利用生产蒸汽的焚烧炉燃烧塑料废弃物,焚烧时,产生的热可用于生产大温室取暖用的蒸汽,或者用于工业加工和电力生产。

2) 在现存的热交换器系统中燃烧废弃物,比如在电厂的锅炉里,可使用废弃物补充矿物燃料。

利用焚烧炉进行能量回收,要注意的是一些塑料,如聚氯烯乙(PVC)燃烧可产生 HCL,聚丙烯腈(PAN)会产生 HCN 等,这些须经过处理才可释放到环境中。

8.3.3 橡胶的回收与利用

橡胶的用量很大,生成的废弃物很多。由于橡胶是热固性高分子,所以不能用直接熔融的方法回收。回收途径有:

(1) 改制后直接利用。

利用橡胶的原来形状或通过部分改制、修补而重新利用的方式。主要有:废轮胎的翻新,将磨损的旧轮胎翻修利用;输送带的翻修,将磨损、割伤的旧输送带翻制成新的运输带;制作轮船护舷,在废轮胎腔内填满海绵,封好胎口,用铅丝捆好后代替护舷,放在船头或船侧;制作树木保护套,将废轮胎割断,套在树干上,保护树木免受砂石损伤;改制成马具、鞋底、垫片、施工用的胶桶等。这种方法能使废橡胶得到最大限度的使用,是一种非常有价值的利用方式。

(2) 再生橡胶。

废橡胶在专门的装置中加工成有一定可塑度、能重新使用的橡胶,简称"再生胶"。再生胶能部分地代替生胶用于橡胶制品,以节约生胶及炭黑,也有利于改善加工性能及橡胶制品的某些性能。

(3) 胶粉。

胶粉是废橡胶用机械方式粉碎后制成的微细或超细的粉末。生产胶粉的方法有低温冷冻粉碎法、常温连续粉碎法、高压水冲击粉碎法等。

胶粉有多种用途:精细胶粉可直接渗入生胶中,降低成本,加工性能良好;胶粉也是聚乙烯、聚丙烯等树脂的增韧改性剂,可有效地提高树脂的抗冲击强度;胶粉还可以加工成防水涂料、防水卷材以及运动场和路面的铺设材料等。

(4) 热分解。

热分解主要用来回收化工原料。主要产品有炭黑、液体油类和煤气等。

(5) 焚烧回收热能。

作为燃料利用,一般在专门的焚烧炉中进行。也可利用燃烧煤的设备。废橡胶的燃烧为 27.2～33.5mJ/kg,相当于优质煤炭,可直接利用燃烧时的热量,如可作为焙烧水泥的燃料。燃烧过程中不产生新的污染。

8.3.4　纤维的回收与利用

纤维厂和纺织厂中的边角余料,是废纤维的一个主要来源。有天然纤维和合成纤维。其中的天然纤维可以循环利用,可制造低档的纺织物、造纸、合成纤维。可以采用与废塑料回收相同的方式,如分解回收有机原料等。

作为增强材料存在橡胶中的纤维,是废纤维的另一来源。由于与橡胶的结合比较牢固,很难绝对分开,因此可以:

(1) 应用于橡胶制品中:利用炼胶机破碎和轧炼制成纤维胶料,混入新胶料或单独硫化制成低档橡胶制品。

(2) 应用于建筑材料中:废纤维可以掺在再生胶中生产防水油毡、防水涂料、铺地材料等。此外,由于纤维的高强度性能,可以将废纤维,特别是废尼龙或聚酯帘子线作为分散填料与水泥、沙子、碎石一同混合,制成具有较高强度和耐冲击性的混凝土制品。

8.4 可环境降解高分子材料的开发利用

高分子废弃物虽然可以回收再生,但有些高分子消费后难以回收,有些是一次性使用的,有些回收成本高于制造成本,还有一些医用高分子需要在发挥作用后才能降解。于是人们开始重视开发一种新型高分子材料,即可环境降解高分子材料。

环境降解主要是生物降解。生物降解高分子材料指在使用中能被自然界微生物(细菌、真菌和藻类)作用而分解成低分子化合物,并最终分解为水和 CO_2 等无机物的一类高分子材料。

微生物降解的过程实质上是微生物分泌的酶在起作用的过程。生物体中的酯键、苷键和肽键是一些可以被酶切断的化学键。这种酶称为"水解酶"。但是至今尚未发现能切断 C—C 键的酶。许多天然聚合物如甲壳质、纤维素和淀粉的分子中都存在类似的化学键。因此,在受到微生物侵袭时就会发生生物降解反应,是理想的生物降解材料。而大多数合成聚合物由于缺乏这些键很难生物降解。只有那些特殊结构的高分子,即分子链上含有酯键、醚键、酰胺键和氨基甲酸酯键等的高分子,分子链可以被酶切断分解而成为生物降解高分子材料。

现在研究开发得最多的生物降解高分子材料有脂肪族聚酯类、聚乙烯醇、聚酰胺、聚酰胺酯及氨基酸等。其中产量最大、用途最广的是脂肪族聚酯类,如聚乳酸(聚羟基丙酸)、聚羟基丁酸、聚羟基戊酸等。生物降解速度、力学性能和加工性能是生物降解高分子材料能否得到实际应用的三个重要指标,而这些性能与材料的化学结构有直接关系。

生物降解高分子材料主要有两大类:

一类是含有天然多糖,如淀粉、甲壳素、纤维素等,又称为"崩解型可环境降解材料"。它们是在高分子树脂中加部分天然高分子后加工而成的制品。废弃后由于天然高分子可环境降解而使整体形态崩溃；但由于其中的高分子树脂不能降解，以碎片形式留在自然界中，属不完全降解型，仍对土壤和环境带来不利影响。

另一类是完全生物降解型，它们为生物合成的天然高分子材料或改性的天然高分子材料，或某些结构的合成高分子材料。化学合成高分子具有结构多样和性能可调的优点，从规模、成本等因素考虑，通过化学合成法制备可降解高分子材料最具现实意义。利用生物技术制备可生物降解高分子材料，虽然目前成本较高，但从原料到产品、从生产到应用，直至废弃后的处理，能完全不产生任何对环境的污染，并且以可再生的农副产品为原料代替日趋短缺的不可再生的石油资源，真正体现了绿色的内涵。

完全生物降解高分子的代表品种有：

（1）天然生物降解高分子。

天然高聚物来自植物的纤维素、淀粉及其衍生物，以及动物的甲壳及其衍生物等。

纤维素衍生物是由纤维素经化学处理制成的。人造棉和醋酸纤维素一直被大量地用于制备纤维、薄膜和照相胶卷，近年来又用于制备分离膜等高附加值的产品。

海藻酸是从海藻植物中提炼的多糖物质。海藻酸纤维可由湿法纺丝制备，将海藻酸钠碱性浓溶液经过喷丝板挤出后送入含钙离子的酸性凝固浴中，海藻酸钠与钙离子发生离子交换，即形成不溶于水的海藻酸钙纤维。该纤维的缺点是断裂强度较低。当海藻酸钙纤维用于伤口接触层时，它与伤口之间相互作用，会产生海藻酸钠、海藻酸钙凝胶。这种凝胶是亲水性的，可使氧气通过而细菌不能通过，并促进新组织的生长。

骨胶原纤维是由肌腱的骨胶原悬浮液制成的。将干净的肌腱薄片先去掉非骨胶原蛋白质和多余的酶，然后浸在氰乙酸和甲醇—水的混合液（PH=2~3）中膨胀，接着进行均匀化处理和过滤，最后压入适当的凝固浴里形成丝条，所得到的纤维断裂强度可达 2.7cN/dtex 左右。骨胶原可应用于伤口保护，其特点是生物适应性优良、无抗原性、生物体吸收性良好等。

甲壳素存在于蟹、虾、贝壳等海产品和甲壳类昆虫的皮壳中,是一类碱性多糖类物质,在地球上的产量仅次于纤维素。工业上以甲壳为原料,用稀酸去除碳酸钙,然后用浓碱除去蛋白质,再经脱色、漂白,即可得到甲壳素及其衍生物。甲壳素是一种很好的保健药品。其医疗保健功能有:免疫调节、降低胆固醇、抗菌、降血压、促进乳酸菌生长、促进伤口愈合,以及细胞活性化;另外也可以用于制备分离膜、医用缝合线、医用敷料等。

(2) 微生物聚酯。

微生物聚酯是指由各种微生物合成、作为碳和能源的储备物质而积聚在细胞内的天然聚酯。这种微生物聚酯是热塑性的天然高分子,具有如下结构:

$$\{OCHCH_2\underset{R}{C}\}_n \qquad R=-(CH_2)_x-CH_3, x=0\sim 8$$

在微生物聚酯中,最具代表性的是聚[R-3-羟基丁酸](P_3HB)。许多原核生物可以合成并积聚 P_3HB 在体内。微生物聚酯的一个显著特点是它们的生物降解性。由于自然界中许多微生物都能分泌微生物聚酯的分解酶,因此微生物聚酯可用作农用薄膜、渔网、包装膜、瓶等,由于能被纤维制品(如纸、无纺布)完全吸着,因此,可生物降解的微生物聚酯乳液在涂料、粘合剂方面的应用也令人感兴趣。

尽管 P3HB 显示了很低的毒性,而且其降解产物 3-羟基丁酸也是人体血液中新陈代谢的产物,但人体组织并不含能产生其分解酶的细菌,因此,微生物聚酯在人体内只进行简单的水解反应,速度较慢。在医学中的应用将依赖于其生物相容性和应用的环境。

(3) 聚乳酸。

聚乳酸是以玉米和甜菜为原料,经微生物发酵得到乳酸单体,再经本体聚合得到的产品。聚乳酸可以制成力学性能优异的纤维和薄膜。用聚 L-乳酸制成的纤维其强度几乎与尼龙及聚酯纤维相同,但柔软性更好,可以用于制作妇女的内衣和长统袜等。

聚乳酸可以被水解成小分子乳酸单体,然后在蛋白酶的作用下进一步生物降解,最终分解成水和二氧化碳。聚乳酸优良的机械性能和可生物降解性被广泛用于制备医用的生物可降解材料,如手术缝合线、骨折固定材料和控制药物释放的载体等,在其发挥医疗作用后,能在体内降解成小分子被吸收或排出体外,无需二次手术取出,减轻了病人的痛苦,简化了手术程序并提高了治疗效果。在日常生活中,用它代替 PE 作为包装材料和农用薄膜,解决了这一领域最令人头疼的大量废弃物的处理问题。

由于高分子量乳酸的合成比较困难,目前聚乳酸的价格还比较高,这影响了它的推广使用。

(4) 蜘蛛丝。

蜘蛛制造着最细的丝。这种蛋白质蜘蛛丝是人们所知道的强度最高的纤维,并且具有优异的弹性,其特性很像高强度合成纤维芳纶 1414 和弹性纤维氨纶。就强度而论,蜘蛛丝甚至优于高性能的 Kevlar 纤维,虽然两种纤维都有类似的高强度水平,但 Kevlar 纤维在断裂之前仅能延伸其原长的 4%,而蜘蛛丝的断裂伸长可达 30%。蜘蛛丝的特殊品质引起了科学工作者的兴趣。

科学家们通过重组 DNA 技术,利用细菌和酵母制出了一种蛋白质,其结构等同于蜘蛛拉出网丝的蛋白质。蜘蛛是将这种蛋白质溶解在一种水基溶剂中,然后一步到位地将它纺成坚韧的纤维。研究人员把这种蛋白质溶解于一种化学溶剂中,溶液通过湿法成型由小孔挤出,就纺出了坚韧的纤维。

研究者通过实验室造蜘蛛丝的研究,期望得到与蜘蛛丝相同的生物纤维。这种生物纤维将有许多用途,它既轻、结实又有弹性,可能在卫星和飞机上得到应用;可以制造轻量型防弹背心、头盔乃至降落伞绳索。蜘蛛丝尤其适宜应用在那些 $-40℃$ 下仍需保持弹性而只有在极低温度下才变脆的应用领域。另外,在桥梁建筑、复合材料、生物医学等方面均有应用潜力。

8.5 高分子材料与可持续发展

环境和资源是人类生存和发展的基本条件。作为人类当代生活中最重要的材料之一,高分子材料在促进经济的持续发展和人类生存环境的改善方面也发挥了重要作用。

(1) 高分子材料本身就是使自然资源得到综合利用的范例。

乙烯和丙烯在石油工业发展的早期是被当做炼油厂的废气在专门设计的火炬中白白烧掉的。聚乙烯和聚丙烯的研制成功使这些"废物"得到充分利用,这也是齐格勒—纳塔被授予诺贝尔奖的原因之一。

(2) 高分子材料为人类提供了清洁和可再生的能源。

太阳为地球的人类提供了一种取之不尽的能源,人们制造了很多装置对太阳能直接加以利用。它们的关键设备就是集热器。而制备集热器的透明光照材料、隔热材料,以及集热器的外壳都可以用高分子材料来制备。以集热器的透明盖板为例,这些盖板一方面是为了使阳光透过;另一方面对集热器内吸热体有很好的密封作用。常用的盖板材料有聚丙烯酸酯类、玻璃增强聚酯、聚碳酸酯和含氟塑料等。这类材料的优点是质轻、柔韧、强度好,特别是对近红外光没有吸收或吸收小,因此光效率高,保暖性好。

高分子材料是城市固体废料中所含能量最高的一类材料。例如,每千克塑料所含能量在 18MJ～109MJ 之间,因此,通过焚烧,将释放的热能加以有效利用可达到能量回收的目的。热能回收方式有多种,可以通过热交换器,把冷水加热成温水,用于供热;也可利用锅炉产生蒸汽用于发电,据报道,德国用废塑料焚烧产生的热能用于发电,已占总电力的 6% 左右。

(3) 高分子材料可用于废气和污水处理。

高分子絮凝剂和高分子膜材料,如离子交换膜、微孔滤膜等已在城市污水处理中发挥了重要作用。以淀粉或羧基淀粉基高分子絮凝剂、以天然高分子壳聚糖为原料合成的壳聚糖季胺盐絮凝剂可以使污水中的胶状物互相凝聚在一起,形成大颗粒沉降分离;离子交换树脂能吸附水中的钙、镁等贵金属离子及有机污染物;微滤膜能将有形固体污染物去除,超滤膜能过滤掉污水中的的大部分细菌和病毒。

高分子气体分离膜能分离回收化工厂废气中的有机物,如醇、酮、酯、芳烃、烷烃等。用硅氧烷为主制成的富氧膜可使富氧量达 $28\%\sim35\%$,应用于燃烧系统,可以提高燃烧效率,减少灰尘污染。

(4) 高分子废弃物可以进行回收、利用和处理,做到物尽其用,清洁环境。

高分子材料在生产和使用中会出现大量废弃物,最初的高分子废弃物如塑料农膜、废橡胶等,当它们失去使用价值后只是散落于土壤中,或掩埋地下,结果造成土质恶化;有的被抛入大海,结果造成海洋污染,毒害了海洋生物。

后来人们积极合理地进行废弃物的再生利用,保护了环境,节约了能源,为高分子材料的可持续发展提供了保障。

在我国,废旧高分子材料的回收尚处于初级阶段,回收率比较低,还没有建立一套完整、切实可行的回收、管理制度。伴随塑料的"白色污染"问题,人们对回收认识也越来越深刻。废弃物的回收处理已经不再是单纯的技术问题,它需要建立全社会的处理体系和建立科学的回收技术系统,也需要政府的重视。例如美国至少有 30 个州制定了不同的法律来解决废弃物的问题,日本政府也有专门的机构和组织。

应该指出的是,在推广高分子废弃物的循环和再生利用时,必须强调对高分子材料使用方法的宣传和对高分子材料的分类管理。作为高分子材料研究者,介绍高分子材料的知识,帮助大家正确认识和利用高分子材料,是我们义不容辞的责任,这也是作者撰写本书的目的所在。

我们相信,随着科学和技术的进步,高分子材料的发展会越来越繁荣。

附　　录

聚合物的英文名称(和缩写)、中文名称和商品名称

英文缩写	英文名称	中文名称	商品名
ABS	Acrylonitrile—butadiene—styrene copolymer	丙烯腈—丁二烯—苯乙烯共聚物	
AMMA	Acrylonitrile—methyl methacrylate copolymer	丙烯腈—甲基丙烯酸甲酯共聚物	
AS	Acrylonitrile—styrene copolymer	丙烯腈—苯乙烯共聚物	
ASA	Acrylonitrile—styrene—acrylate copolymer	丙烯腈—苯乙烯—丙烯酸酯共聚物	
BR	Butadiene rubbers	丁二烯橡胶	
CA	Cellulose acetate	乙酸纤维素	赛璐玢(塑)
CAB	Cellulose acetate—butyrate	乙酸—丁酸纤维素	
CAP	Cellulose acetate—propionate	乙酸—丙酸纤维素	
CF	Cresol—formaldehyde resins	甲酚—甲醛树脂	
CMC	Carboxymethyl cellulose	羧甲基纤维素	
CN	Cellulose nitrate	硝酸纤维素	赛璐珞(塑)
CP	Cellulose propionate	丙酸纤维	
CPE	Chlorinated polyethylene	氯化聚乙烯	
CPVC	Chlorinated polyvinylchloride	氯化聚氯乙烯	
CR	Chloroprene rubbers	氯丁橡胶	
CPA	Cellulose triacetate	三乙酸纤维素	
EC	Ethyl cellulose	乙基纤维素	
EP	Epoxy resins	环氧树脂	
E/P(EPR)	Etheylene—propylene copolymer	乙烯—丙烯共聚物	
EPDM	Ethylene—propylene—diene terpolymer (rubbers)	乙烯—丙烯—二烯三元共聚物(三元乙丙橡胶)	
E/TFE	Ethylene—tetrafluoroethylene copolymer	乙烯—四氟乙烯共聚物	
E/VAC	Ethylene—vinylacetate copolymer	乙烯—乙酸乙烯酯共聚物	
GPS	General polystyrene	通用聚苯乙烯	
GRP	Class fibre reinforced plastics	玻璃纤维增强塑料	
HDPE	High density polyethylene	高密度聚乙烯	
HIPS	High impact polystyrene	高抗冲聚苯乙烯	
IIR	Isobutylene—isoprene rubbers	丁基橡胶	
IR	Isoprene rubbers	异戊橡胶	
LDPE	Low density polyethylene	低密度聚乙烯	
MBS	Methacrylate—butadiene—styrene copolymer	甲基丙烯酸酯—丁二烯—苯乙烯共聚物	

英文缩写	英文名称	中文名称	商品名
MC	Methyl cellulose	甲基纤维素	
MF	Melamine—formaldehyde resins	三聚氰胺—甲醛树脂	
NNR	Nitrile—butadiene rubbers	丁腈橡胶	
NR	Natural rubber	天然橡胶	
PA	Polyamide	聚酰胺	锦纶(纤) 尼龙(塑)
PAA	Poly(acrylic acid)	聚丙烯酸	
PAAM	Poly(acrylamide)	聚丙烯酰胺	
PAN	Poly(acrylonitrile)	聚丙烯腈	腈纶(纤)
PAS	Polyarylsulfone	聚芳砜	
PBI	Polybenzimidazoles	聚苯并咪唑	
PBT	Poly(butylene terephthalate)	聚对苯二甲酸丁二醇酯	
PC	Polycarbonate	聚碳酸酯	
PCTFE	Poly(chlorotrifluoro ethylene)	聚三氟氯乙烯	
PDAP	Poly(diallyl phthalate)	聚邻苯二甲酸二烯丙酯	
PDAIP	Poly(diallyl isophthalate)	聚间苯二甲酸二烯丙酯	
PE	Polyethylene	聚乙烯	乙纶(纤)
PEO	Poly(ethylene oxide)	聚氧化乙烯,聚环氧乙烷	
PET	Poly(ethylene terephthalate)	聚对苯二甲酸乙二醇酯	涤纶(纤)
PF	Phenol—formaldehyde resins	酚醛树脂	胶木、电木(塑)
PI	Polyimide	聚酰亚胺	
PIB	Poly(isobutylene)	聚异丁烯	
PMA	Poly(methacrylate)	聚甲基丙烯酸酯	
PMAA	Poly(methacrylic acid)	聚甲基丙烯酸	
PMMA	Poly(methyl methacrylate)	聚甲基丙烯酸甲酯	有机玻璃
PO	Polyolefins	聚烯烃	
POM	Polyoxymethylene	聚甲醛	
PP	Polypropylene	聚丙烯	丙纶(纤)
PPO	Poly(phenylene oxide)	聚苯醚	
PPOX	Poly(propylene oxide)	聚氧化丙烯,聚环氧丙烷	
PPS	Poly(phenylene sulfide)	聚苯硫醚	
PPSU	Poly(phenylene sulfone)	聚苯砜	
PS	Polystyrene	聚苯乙烯	
PSU	Polysulfone	聚砜	
PTFE	Poly(tetrafluoro ethylene)	聚四氟乙烯	四氟(塑) 氟纶(纤)
PUR(PU)	Polyurethane	聚氨酯	氨纶(纤)
PVA	Poly(vinyl alcohol)	聚乙烯醇	
PVAC	Poly(vinyl acetate)	聚乙酸乙烯酯	
PVB	Poly(vinyl butyral)	聚乙烯醇缩丁醛	
PVC	Poly(vinyl chloride)	聚氯乙烯	氯纶(纤)
PVDC	Poly(vinylidene chloride)	聚偏氯乙烯	
PVDF	Poly(vinylidene fluoride)	聚偏氟乙烯	

英文缩写	英文名称	中文名称	商品名
PVF	Poly(vinyl fluoride)	聚氟乙烯	
PVFM	Poly(vinyl formal)	聚乙烯醇缩甲醛	维纶(纤)
PVP	Poly(vinyl pyrrolidone)	聚乙烯基吡咯烷酮	
RP	Reinforced plastics	增强塑料	
SAN	Styrene—acrylonitrile copolymer	苯乙烯－丙烯腈共聚物	
SBR	Styrene—butadiene rubbers	丁苯橡胶	
SBS	Styrene—butadiene—styrene block copolymer	苯乙烯－丁二烯－苯乙烯嵌段共聚物	
SI	Silicones	聚硅氧烷	
UF	Urea—formaldehyde resins	脲醛树脂	电玉(塑)
UHMWPE	Ultra—high molecular weight polyethylene	超高分子量聚乙烯	
UP	Unsaturated polyesters	不饱和聚酯	
VC/E	Vinylchloride—ethylene copolymer	氯乙烯－乙烯共聚物	
VE/E/VAC	Vinylchloride—ethylene—vinylacetate copolymer	氯乙烯－乙烯－乙酸乙烯酯共聚物	
VC/MMA	Vinylchloride—methyl methacrylate coplymer	氯乙烯－甲基丙烯酸甲酯共聚物	
VC/VAC	Vinylchloride—Vinylacetate copolymer	氯乙烯－乙酸乙烯酯共聚物	
VC/VDC	Vinylchloride—vinylidene chloride copolymer	氯乙烯－偏氯乙烯共聚物	偏氯纶(纤)
VR	Vulcanized rubbers	硫化橡胶，橡皮	

参 考 文 献

[1] 董炎明,张海良. 高分子科学教程. 北京:科学出版社,2005
[2] 韩冬冰,王慧敏. 高分子材料概论. 北京:中国石化出版社,2003
[3] 施良和,胡汉杰. 高分子科学的今天与明天. 北京:化学工业出版社,1994
[4] 张留成等. 高分子材料基础. 北京:化学工业出版社,2002
[5] 冯新德等. 高分子辞典. 北京:中国石化出版社,1998
[6] 夏炎. 高分子科学简明教程. 北京:科学出版社,2001
[7] 潘祖仁. 高分子化学(第二版). 北京:化学工业出版社,1997
[8] 平郑骅,汪长春. 高分子世界. 上海:复旦大学出版社,2001
[9] 金日光,华幼卿. 高分子物理. 北京:化学工业出版社,2000
[10] 马德柱,何平笙等. 高聚物的结构与性能. 北京:科学出版社,1999
[11] 周达飞等. 高分子成型加工. 北京:中国轻工出版社,2000
[12] 黄伯琴. 合成树脂. 北京:中国石化出版社,2000
[13] 殷敬华,莫志深. 现代高分子物理学(上、下册). 北京:科学出版社,2001
[14] 纪奎江. 实用橡胶制品生产技术. 北京:化学工业出版社,2001
[15] 王孟钟,黄应昌. 胶粘剂应用手册. 北京:化学工业出版社,1996
[16] 贡长生,张克立. 新型功能材料. 北京:化学工业出版社,2001
[17] 洪啸吟,冯汉保. 涂料化学. 北京:科学出版社,2005
[18] 朱广军. 涂料新产品与新技术. 南京:江苏科学技术出版社,2001
[19] 赵文元,王亦军. 功能高分子材料化学. 北京:化学工业出版社,2001
[20] 王德中等. 功能高分子材料. 北京:中国物资出版社,1998
[21] 吴培熙,张留成. 聚合物共混改性. 北京:中国轻工出版社,1998
[22] 陈占勋. 废旧高分子材料资源及综合利用. 北京:化学工业出版社,1998